VILLE DE PARIS

COMITÉ DES INSCRIPTIONS PARISIENNES

LISTE

DES

PRINCIPAUX MONUMENTS DE PARIS

AVEC L'HISTORIQUE DE LEUR CONSTRUCTION
LES NOMS DE LEURS ARCHITECTES
ET LES DATES AUXQUELLES ILS ONT ÉTÉ CONSTRUITS

PAR

MAURICE DU SEIGNEUR

POUR SERVIR A LA RÉDACTION DES INSCRIPTIONS
A PLACER
SUR LES MONUMENTS LES PLUS REMARQUABLES

ÉDIFICES CIVILS

Hôtel de Ville et Mairies.
Palais.
Grands Hôtels.
Hôtels historiques et particuliers.
Établissements d'Instruction
publique.
Théâtres.
Halles et Marchés.
Chemins de fer.
Ponts.
Hôpitaux et Hospices.

ÉDIFICES MILITAIRES

Casernes, etc.

ÉDIFICES RELIGIEUX

Églises.
Chapelles.
Temples.
Synagogues

MONUMENTS DÉCORATIFS

Arcs de triomphe.
Portes Monumentales.
Colonnes.
Fontaines.

PARIS
MDCCCLXXXVIII

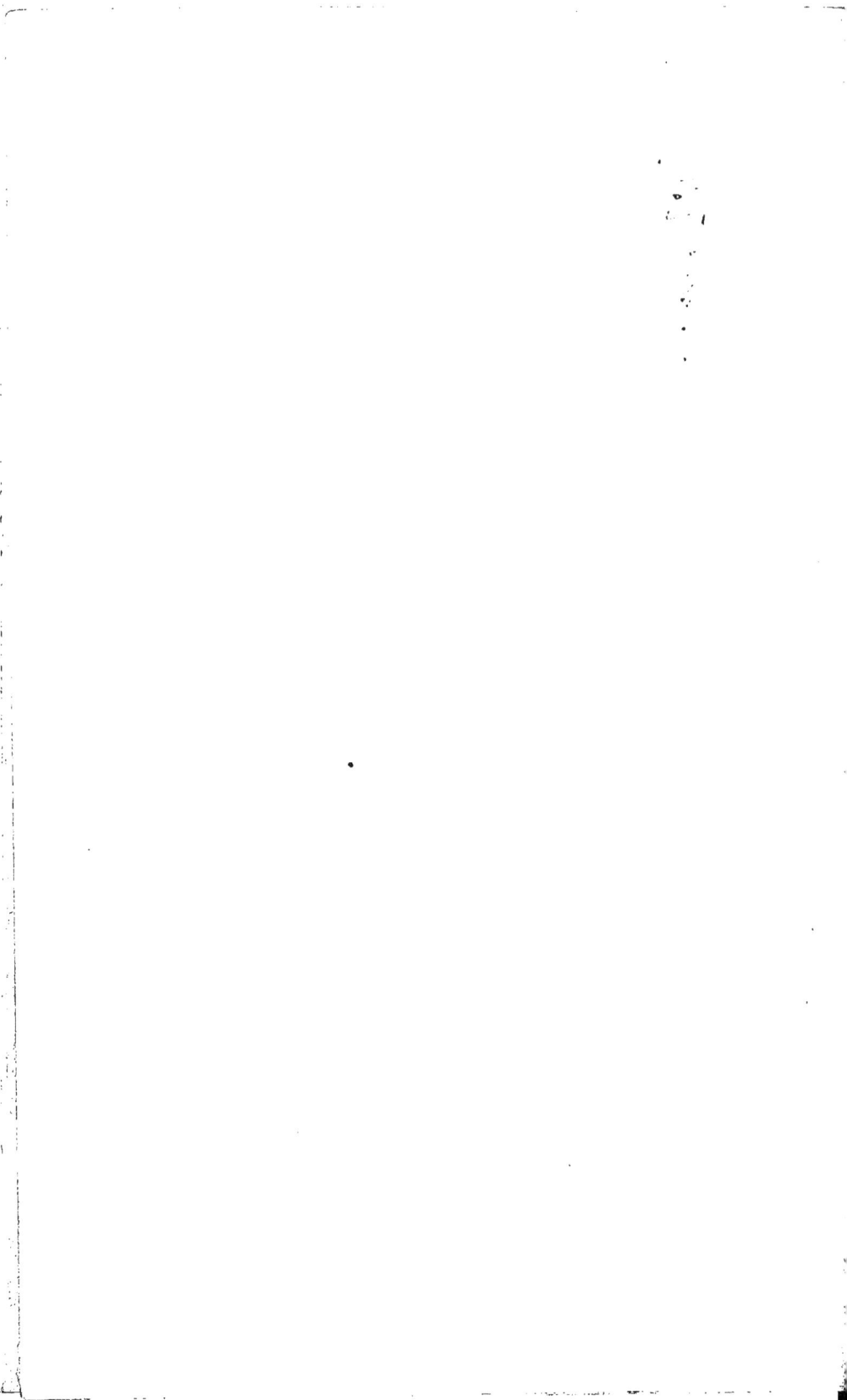

LISTE

DES

PRINCIPAUX MONUMENTS DE PARIS

VILLE DE PARIS

COMITÉ DES INSCRIPTIONS PARISIENNES

LISTE

DES

PRINCIPAUX MONUMENTS DE PARIS

AVEC L'HISTORIQUE DE LEUR CONSTRUCTION
LES NOMS DE LEURS ARCHITECTES
ET LES DATES AUXQUELLES ILS ONT ÉTÉ CONSTRUITS

PAR

MAURICE DU SEIGNEUR

POUR SERVIR A LA RÉDACTION DES INSCRIPTIONS
A PLACER
SUR LES MONUMENTS LES PLUS REMARQUABLES

ÉDIFICES CIVILS

Hôtel de Ville et Mairies.
Palais.
Grands Hôtels.
Hôtels historiques et particuliers.
Établissements d'Instruction
publique.
Théâtres.
Halles et Marchés.
Chemins de fer.
Ponts.
Hôpitaux et Hospices.

ÉDIFICES MILITAIRES

Casernes, etc.

ÉDIFICES RELIGIEUX

Églises.
Chapelles.
Temples.
Synagogues

MONUMENTS DÉCORATIFS

Arcs de triomphe.
Portes Monumentales.
Colonnes.
Fontaines.

PARIS

MDCCCLXXXVIII

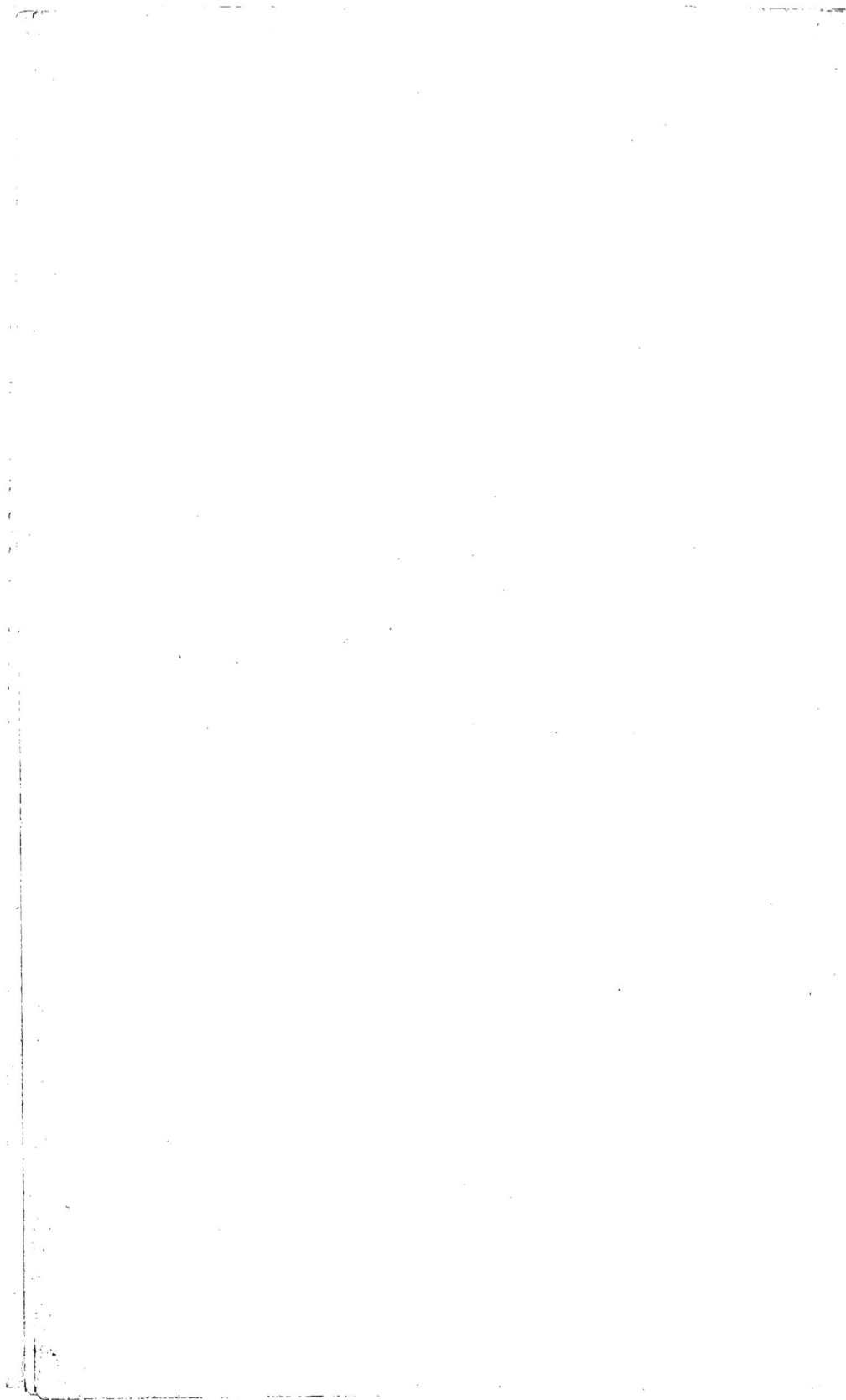

AVERTISSEMENT

C'est dans la séance du 22 mars 1887 que le Comité des inscriptions parisiennes adopta la première idée de cette publication ; et, dès le 26 août suivant, M. Maurice Du Seigneur, qui l'avait proposée, communiquait au Comité un manuscrit, où il avait condensé, dans un nombre de pages relativement restreint, le résultat de longues et difficiles recherches. Aussi le Comité s'empressa-t-il de voter l'impression d'un travail si intéressant. Le petit crédit affecté par la sollicitude du Conseil municipal aux inscriptions parisiennes permettait cette minime dépense ; et vers la fin de 1887, des placards pouvaient être envoyés à tous les membres du Comité, pour que chacun d'entre eux apportât à l'œuvre entreprise le concours de ses lumières et signalât les changements ou adjonctions à faire, avant le tirage définitif.

De cette façon, la publication que nous donnons est devenue, dans une certaine mesure, l'œuvre collective du Comité. Mais cette collaboration qui n'est pas sortie des limites du contrôle nécessaire à toutes les recherches rétrospectives, laisse entier le mérite qui revient à M. Maurice Du Seigneur seul d'avoir conçu et exécuté l'ensemble du travail.

Tel qu'il est, ce recueil constitue une précieuse source de renseignements, et l'on ne saurait trop savoir gré à M. Du Seigneur de la méthode, de l'érudition et de la persévérance dont il a fait preuve.

L'Inspecteur en Chef des Beaux-Arts

et des Travaux historiques,

ARMAND RENAUD.

ÉDIFICES CIVILS

MONUMENTS	HISTORIQUE	ARCHITECTES
HOTEL DE VILLE	Installé dans la *Maison aux Piliers.*	. . . .
	Pose de la première pierre par le prévôt des marchands, Pierre de Viole	. . . .
	Construit par	DOMINIQUE DE CORTONE (le B cador) . . . .
	Reprise des travaux par	MARIN DE LA VALLÉE, entrep neur, et GUILLAIN (Pierre).
	Continuation des travaux par . .	GUILLAIN (Augustin) le fils .
	Travaux d'agrandissement et achè-vement de l'Hôtel de Ville. . .	GODDE et LESUEUR (J.-B.) . .
	Suite des travaux	LESUEUR (J.-B.) . . . . . .
	Travaux de décoration intérieure.	LESUEUR (J.-B.) et BALTARD (Vict
	Derniers travaux par.	BALTARD (Victor) . . . . .
	Nouvel Hôtel de Ville	BALLU (Théodore) et DEPERTHE
MAIRIE DU Iᵉʳ ARROND¹ . . . *Place du Louvre.*	Construite par	HITTORFF (Jacques-Ignace) . . .
MAIRIE DU IIᵉ ARROND¹ . . . *Rue de la Banque.*	Construite par	GIRARD (Alphonse) . . . . . .
MAIRIE DU IIIᵉ ARROND¹ . . . *Rue Molay.*	Construite par	CALLIAT (Victor) . . . . . .
MAIRIE DU IVᵉ ARROND¹ . . . *Place Baudoyer.*	Construite par	BAILLY (Antoine-Nicolas). . . .
MAIRIE DU Vᵉ ARROND¹ . . . *Place du Panthéon.*	Commencée sur les plans de. . . Achevée par	GUÉNEPIN (Jean-Baptiste-Franço HITTORFF (Jacques-Ignace). . .

HOTEL DE VILLE ET MAIRIES

DATES	NOTES	OBSERVATIONS
. . . . en 1357.	*Avant cette date, le corps munici-pal avait pour lieu de réunion le PARLOIR AUX BOURGEOIS, situé sur la rive gauche, près de l'en-clos des Jacobins.*	
. . . . 15 juillet 1533		
. . . . de 1533 à 1549		
. . . de 1606 à 1608		
. . . . de 1613 à 1623		
. . . . de 1837 à 1850		
. . . . de 1850 à 1852		
. . . . de 1852 à 1854		
. . . . de 1854 à 1870		
. . . . de 1874 à 1885	*Totalement reconstruit sur de nouveaux plans, après l'incendie de mai 1871.*	
. . . . de 1857 à 1859		
. . . . de 1846 à 1847		
. . . . de 1864 à 1867		
. . . . de 1862 à 1867		
. . . . en 1845		
. . . . de 1847 à 1851		

MONUMENTS	HISTORIQUE	ARCHITECTES
MAIRIE DU VIe ARROND^t . . . *Place Saint-Sulpice.*	Construite par . . . . Travaux d'agrandissement par. .	ROLLAND (François) et LE VICOMTE GINAIN (Léon) . . . .
MAIRIE DU VIIe ARROND^t . . . *Rue de Grenelle.*	Ancien Hôtel de Villars par . . .	LELION. . . . .
	Portail construit par. . . . . . . Travaux d'appropriation par . .	BOFFRAND (Germain) . . . . . . UCHARD (Toussaint-François), . .
MAIRIE DU VIIIe ARROND^t . . . *Rue d'Anjou.*	Ancien Hôtel de Lorraine. Travaux d'appropriation	. . . .
MAIRIE DU IXe ARROND^t . . . *Rue Drouot.*	Ancien Hôtel d'Augny, par . . . Travaux d'appropriation	BRISEUX (Charles-Étienne). . . .
MAIRIE DU Xe ARROND^t. . . . *Rue du Faubourg-Saint-Martin.*	Construite	
MAIRIE DU XIe ARROND^t . . . *Place Voltaire.*	Construite. par	GANCEL . . . .
MAIRIE DU XIIe ARROND^t . . . *Av. Daumesnil et r. de Charenton.*	Construite par	HÉNARD (Antoine-Julien). . . . .
MAIRIE DU XIIIe ARROND^t . . . *Place d'Italie.*	Construite par	BONNET (Paul-Émile) . . . . . .
MAIRIE DU XIVe ARROND^t . . . *Place de Montrouge.*	Construite par	NAISSANT . . . .
	Travaux d'agrandissement par. .	AUBERTIN (Émile). . . . .
MAIRIE DU XVe ARROND^t. . . . *Rue Péclet.*	Construite par	DEVREZ (Désiré-Henri-Louis; . . .
MAIRIE DU XVIe ARROND^t . . . *Avenue Henri-Martin.*	Construite par	GODEBŒUF (Eugène). . . . . . .
MAIRIE DU XVIIe ARROND^t . . . *Rue des Batignolles.*	Construite par	LEQUEUX (Paul-Eugène) . . . . .
MAIRIE DU XVIIIe ARROND^t . . *Place des Abbesses.*	Construite par	LEQUEUX (Paul-Eugène) . . . . .
MAIRIE DU XIXe ARROND^t . . . *Place Armand-Carrel.*	Construite par	DAVIOUD (Gabriel). . . . . . .
MAIRIE DU XXe ARROND^t. . . . *Place des Pyrénées.*	Construite par	SALLERON (Claude-Auguste-Léon).

DATES	NOTES	OBSERVATIONS
. . . . de 1848 à 1849		
. . . . de 1887 à 1888		
. . Comm¹ du XVIIIᵉ siècle. . .	*Puis Hôtel de Brissac; Hôtel de Forbin-Janson sous le premier Empire.*	
. . . . Id.		
. . . . en 1861		
. . . .	*Puis Hôtel de Contades.*	
. . . . en 1835		
1ʳᵉ moitié du XVIIIᵉ siècle. . . .	*Hôtel Aguado de las Marismas, sous la Restauration.*	
. . . . en 1849		
. . . . de 1848 à 1849		
. . . . de 1862 à 1865		
. . . . de 1874 à 1877		
. . . . de 1867 à 1877		
. . . . de 1851 à 1858		
. . . . de 1887 à 1898		
. . . . de 1873 à 1876		
. . . . de 1870 à 1877		
. . . . de 1847 à 1849		
. . . . de 1836 à 1837		
. . . . de 1876 à 1878		
. . . . de 1867 à 1877		

ÉDIFICES CIVILS

MONUMENTS	HISTORIQUE	ARCHITECTES
PALAIS DE LA BOURSE. . . . *Place de la Bourse.*	Construit par.	BRONGNIART (Alexandre-Théodore)
	Achevé par.	LABARRE. . . . .
PALAIS DES CHAMPS-ÉLYSÉES *Avenue des Champs-Élysées.*	Construit par.	VIEL (Jean-Marie-Victor). . . . .
PALAIS DU CORPS LÉGISLATIF *Place du Palais-Bourbon et quai d'Orsay.*	Ancien palais de Bourbon-Condé, commencé par	GIRARDINI . . . .
	Continuation des travaux par . .	CAILLETEAU L'ASSURANCE (le père)
	Entrée sur la rue de l'Université	GIRARDINI . . . .
	Péristyle sur la cour d'honneur.	DE GISORS (Alex.) et LECOMTE .
	Première salle des Cinq-Cents .	. . . . Id. . . . .
	Façade sur le quai d'Orsay par. .	POYET (Bernard) . . . .
	Salle actuelle des Séances, par .	DE JOLY (J.-B.) . . . .
PALAIS DE L'ÉLYSÉE. . . . . *Rue du Faubourg-Saint-Honoré.*	Ancien palais du Cte d'Evreux par	MOLLET (Armand-Claude) . . . .
	Acheté par Beaujon et agrandi par	BOULLÉE (Étienne-Louis). . . . .
	Devient l'Élysée-Bourbon	. . . .
	Propriété nationale et hameau de Chantilly.	. . . .
	Travaux d'agrandissement par. .	LACROIX (Joseph-Eugène) . . . .

PALAIS

DATES	NOTES	OBSERVATIONS
. . . . de 1808 à 1813		
. . . . de 1813 à 1826		
. . . . de 1854 à 1855	*Dit Palais de l'Industrie, construit pour l'Exposition universelle de 1855.*	
. . . . en 1722		
. . . .		
. . . . en 1722		
. . . . en 1794		
. . . . en 1794		
. . . . de 1804 à 1807	*Le premier fronton fut exécuté en 1815, en l'espace de deux mois, par* FRAGONARD *(Alexandre). Le fronton actuel est du sculpteur* CORTOT *(Jean-Pierre); il fut achevé en 1842.*	
. . . . de 1829 à 1833		
. . . . en 1718	*Habité ensuite par* Mᵐᵉ *de Pompadour, puis par M. de Marigny.*	
. . . . en 1773		
. . . . en 1786		
. . . . en 1793		
. . . . de 1854 à 1855		

MONUMENTS	HISTORIQUE	ARCHITECTES
PALAIS DE L'INSTITUT . . . . *Place de l'Institut.*	Ancien collège Mazarin	. . . .
	Commencé sur les dessins de . .	LEVAU (Louis) . . . .
	Achevé par	LAMBERT (Pierre) et DORBAY (F^{ois}).
	Transformation de la Chapelle en salle de séances pour l'Institut par	VAUDOYER (Ant.-Laurent-Thomas).
	Aménagement des bâtiments . . .	. . . . Id. . . . . . .
	Bibliothèque de l'Institut	LE BAS (Louis-Hippolyte) . . . .
	Salle des Séances particulières. .	. . . . Id. . . . . . .
PALAIS DE JUSTICE. . . . . . *B^{d} du Palais et place Dauphine.*	Construction des trois tours dites de César, d'Argent et Bonbec. .	. . . .
	Construction de la Sainte-Chapelle par Saint-Louis.	. . . .
	Construction de la tour de la grosse Horloge.	. . . .
	Construction des cuisines dites de Saint-Louis et de la grand'salle.	. . . .
	Construction de la première galerie, dite de Saint-Louis	GIOVANNI GIOCONDO. . . . . . .
	Sculptures de la grosse Horloge, par Germain Pilon	. . . .
	Grande salle des Pas-Perdus. .	DE BROSSE (Salomon). . . . . .
	Reconstruction de la galerie des prisonniers.	. . . . Id. . . . . . .
	Reconstruction de la galerie des prisonniers.	DESMAISONS (Pierre) et COUTURE .
	Reconstruction de la façade du Palais et de la galerie Mercière	COUTURE (Guillaume-Martin). . .

DATES	NOTES	OBSERVATIONS
. . . .	*Dit Collège des Quatre-Nations.*	
. . . . en 1662		
. . . . .de 1662 à 1684		
. . . . en 1806		
. . . . Id.		
. . . . vers 1846		
. . . . en 1847		
. . . . de 1180 à 1223		
. . . . vers 1245	*Voir : Sainte-Chapelle.*	
. . . . vers 1245		
. . . fin du xiiie siècle . . .	*c'est-à-dire sous le règne de Philippe le Bel (Viollet-le-Duc).*	
. . . . . de 1498 à 1515	*détruite sous la Révolution.*	
. . . . en 1589		
. . . . de 1618 à 1620	*Remplace la grand'salle incendiée en 1618.*	
. . . . de 1618 à 1620	*Après l'incendie de 1618.*	
. . . . en 1776	*Après l'incendie de 1776.*	
. . . . en 1776	*Après l'incendie de 1776.*	

MONUMENTS	HISTORIQUE	ARCHITECTES
PALAIS DE JUSTICE *(Suite)* . .	Construction des galeries de la cour du Mai.	DESMAISONS (Pierre). . . . . . .
	Construction du grand perron par.	ANTOINE (Jacques-Denis). . . . .
	Grille de la cour du Mai exécutée par Bigonnet.	. . . . Id. . . . .
	Travaux à la Conciergerie par. .	PEYRE (Antoine-Marie). . . . . .
	Reconstruction de la galerie de Saint-Louis par.	DE GISORS (Alphonse). . . . . .
	Restauration de la grosse Horloge.	DUC (Louis-Joseph), DOMMEY (Étienne-Dom.), LENOIR (Albert)
	Construction du Tribunal civil. .	DUC et DOMMEY. . . . .
	Construction des bâtiments pour les Chambres de police correctionnelles.	. . . . Id. . . . .
	Bâtiments de la Cour d'Appel par.	GILBERT (Émile-Jacques) et DIET (Arthur-Nicolas). . . . .
	Façade sur la place Dauphine. .	DUC et DOMMEY. . . . .
	Grand vestibule, salles des Assises.	. . . . Id. . . . .
	Cour de Cassation, façade sur le quai de l'Horloge, entre les tours d'Argent et Bonbec.	DUC (Louis-Joseph). . . . . . .
	Façade sur le quai entre la tour Bonbec et la rue de Harlay. .	LENORMAND (Louis) et DUC. . . .
	Reconstruction de la galerie Saint-Louis modifiée	DUC (Louis-Joseph) . . . . . .

DATES	NOTES	OBSERVATIONS
. . . . de 1776 à 1777		
. . . . en 1778		
. . . . en 1778	*Sur les plans de Desmaisons (suivant Thiéry).*	
. . . . en 1822		
. . . . en 1833	*Démolie en 1866.*	
. . . . en 1852		
. . . . en 1853		
. . . . en 1854	*Partiellement incendiés en mai 1871.*	
. . . . de 1857 à 1869	*Situés sur le quai des Orfèvres, destinés primitivement à la Préfecture de Police.*	
. . . . de 1857 à 1868		
. . . . de 1857 à 1868		
. . . . de 1860 à 1872		
. . . . de 1860 à 1872		
. . . . en 1866		

MONUMENTS	HISTORIQUE	ARCHITECTES
PALAIS DE JUSTICE *(Suite)*. .	Reconstruction de la 1re Chambre du Tribunal civil.	Duc (Louis-Joseph) et Daumet (Pierre-Jérôme-Honoré) . . . .
	Nouvelle cour d'Appel par. . . .	Daumet (Pierre-Jérôme-Honoré). .
PALAIS DE LA LÉGION D'HONNEUR. . . . . *Rue de Lille.*	Ancien hôtel du prince de Salm, construit par.	Rousseau (Pierre) . . . .
	Palais de la Légion d'Honneur. .	. . . .
	Reconstruit, en partie, par . . .	Mortier. . . . .
PALAIS DU LOUVRE.	Construction de la tour du Louvre sous Philippe-Auguste.	. . . .
	Construction de la grande vis, par	Raymond du Temple. . . . . .
	Démolition de la grosse tour. . .	. . . .
	Projet de reconstruction du Louvre	. . . .
	Commencement de l'aile occidentale, par.	Lescot (Pierre) . . . .
	Achèvement de la salle des Cariatides, par	. . . . . . Id. . . . . . .
	Achèvement du pavillon sud-ouest, par.	. . . . . . Id. . . . . . .
	Construction de la moitié de l'aile méridionale, par	. . . . . . Id. . . . . . .
	Commencement des travaux de la grande galerie, par	Métézeau (Thibaut). . . . . .
	Construction du rez-de-chaussée de la petite galerie, par. . . .	Chambiges (Pierre). . . . . .

DATES	NOTES	OBSERVATIONS
. . . . en 1872	*Elle avait été incendiée en mai 1871*	
. . . . en 1882	*Sur l'emplacement de l'ancienne Cour des Comptes.*	
. . . . . . en 1786		
. . . . depuis 1803		
. . . . de 1872 à 1876	*Il avait été incendié partiellement, en mai 1871.*	
. . . fin du XIIᵉ siècle		
. . . . en 1365		
. . . . en 1527		
. . . . en 1539		
. . . . en 1546		
. . . . en 1548		
. . . . en 1556	*Ce pavillon est dit Pavillon du Roy.*	
. . . . de 1558 à 1564		
. . . . en 1556		
. . . . en 1556		

MONUMENTS	HISTORIQUE	ARCHITECTES
PALAIS DU LOUVRE *(suite)* . .	Achèvement de la petite galerie .	CHAMBIGES (Pierre) . . . .
	Construction du 1ᵉʳ étage de la grande galerie	MÉTÉZEAU (Louis). . . . .
	Construction d'un 1ᵉʳ étage de la petite galerie.	FOURNIER (Isaïe) et COIN (Jean). .
	Construction du pavillon de l'Horloge comme pavillon central. .	LEMERCIER (Jacques) . . . . . .
	Continuation de l'aile occidentale.	. . . . Id. . . . . . .
	Construction de l'aile nord jusqu'au 1ᵉʳ étage.	. . . . Id. . . . . .
	Construction de la façade de l'est.	LEVAU (Louis) et D'ORBAY. . . .
	Achèvement des ailes du nord et du sud	. . . . Id. . . . . .
	Construction de la colonnade . .	PERRAULT (Claude) . . . .
	Construction de la façade sud . .	. . . . . . Id. . . . . . .
	Restauration de la colonnade . .	GABRIEL (Jacques-Ange). . . . .
	Achèvement de la cour du Louvre.	PERCIER et FONTAINE . . . . . .
	Restauration de la galerie d'Apollon	DUBAN (Jacques-Félix). . . . . .
	Restauration de la grande galerie sur le quai, jusqu'au pavillon de Lesdiguières.	. . . . Id. . . . .
	Décoration du Salon carré et de la Salle des Sept-Cheminées . .	. . . . . . Id. . . . . . .
	Nouvelles Salles. Grande Salle de l'École française	GUILLAUME (Edmond) . . . . . .

DATES	NOTES	OBSERVATIONS
. . . . . . en 1576.		
. . . . de 1594 à 1596		
. . . . en 1600		
. . . . de 1624 à 1643		
. . . . Id		
. . . . Id		
. . . . de 1660 à 1664	*Il s'agit ici de la cour intérieure*	
. . . . Id . . . . *.	*Jusqu'au-dessous de l'attique.*	
. . . . de 1667 à 1680		
. . . . Id	*Remplaçant celle de Levau du côté du quai.*	
. . . . en 1755		
. . . . de 1806 à 1813		
. . . . de 1849 à 1853		
. . . . Id		
. . . . Id		
. . . . de 1882 à 1888	*En 1883, en établissant des caves sous le musée des antiques on a retrouvé les restes du Louvre de Philippe-Auguste.*	

MONUMENTS	HISTORIQUE	ARCHITECTES
NOUVEAU LOUVRE	Plans généraux et commencement des constructions, par.	Visconti (Louis-Tullius-Joachim).
	Modification du projet et achèvement des travaux, par	Lefuel (Hector-Martin) . . . . .
JONCTION DU LOUVRE AUX TUILERIES	Grande galerie à pilastres sur le quai, par.	Du Pérac et Du Cerceau (Jacques)
	Premier pavillon de Flore par . .	. . . . . . Id . . . .
	Construction du premier pavillon de Marsan, par	Levau (Louis) . . . .
	Construction de l'aile sur la rue de Rivoli.	Percier et Fontaine . . . . . .
	Transformation de la grande galerie du quai.	Lefuel (Hector-Martin) . . . . .
	Reconstruction du pavillon de Flore	. . . . Id . . . . .
	Nouveau pavillon de Marsan. .	. . . . . . Id. . . . . . .
	Reconstruction de l'aile sur la rue de Rivoli.	. . . . . . Id. . . . . . .
PALAIS DU LUXEMBOURG. . . *Rue de Vaugirard.*	Construit par.	De Brosse (Salomon) . . . . . .
	Réparations importantes. . . .	. . . .
	Projet de restauration présenté par	Chalgrin (Jean-François-Thérèse).
	Création de caves en sous-œuvre.	. . . .
	Grands travaux entrepris par. . .	Chalgrin (Jean-François-Thérèse).
	Achèvement de la galerie est . .	. . . . Id. . . . . . .
	Suppression du grand escalier central et établissement d'un vestibule en place.	. . . . . . Id. . . . . . .
	Construction du grand escalier de la galerie ouest.	. . . . . . Id. . . . . . .

DATES	NOTES	OBSERVATIONS
. . . . de 1852 à 1853		
. . . . de 1853 à 1857		
. . . . de 1594 à 1610	* *C'est Jacques Androuet Du Cerceau deuxième du nom, second fils du graveur.*	
. . . . Id		
. . . . de 1659 à 1667		
. . . . 1802		
. . . . de 1860 à 1870		
. . . . Id		
. . . . de 1871 à 1876	*Après l'incendie de mai 1871.*	
. . . . Id	. . . . *Id*	
. . . . de 1615 à 1620		
. . . . de 1733 à 1736		
. . . . en 1781		
. . . de 1797 à 1798		
. . . . de 1800 à 1804	*Pour l'installation du Sénat conservateur.*	
. . . . Id	*Ancien Musée.*	
. . . . de 1800 à 1804		
. . . . Id	*Sur l'emplacement de l'ancienne galerie de Rubens.*	

MONUMENTS	HISTORIQUE	ARCHITECTES
PAL. DU LUXEMBOURG *(Suite)*.	Salle de séances provisoire par . .	DE GISONS (Alphonse). . . . . .
	Salle définitive et nouveaux bâti-ments	. . . . . . Id . . . .
	Façade nouvelle sur le jardin . .	. . . . . . Id . . . .
	Construction de la grande oran-gerie	. . . . . . Id . . . .
	Transformation de cette orangerie en Musée	GONDOIN (Ch.) et SCELLIER (G.). . .
PALAIS DU QUAI D'ORSAY . . *Rue de Lille et quai d'Orsay.*	Plans et commencement d'exécu-tion par	BONNARD (Jacques-Charles). . . .
	Achèvement des travaux par . .	LACORNÉE (Jacques) . . . . . .
PALAIS-ROYAL . . . . *Place du Palais-Royal.*	Palais-Cardinal construit par . .	LEMERCIER (Jacques) . . . . . .
	Construction d'un grand escalier.	DESARGUES (Girard). . . . . . .
	Construction d'une grande galerie sur l'emplacement de l'hôtel Brion, par	MANSART (Jules-Hardouin). . . .
	Construction d'un salon octogone	OPPENORDT (Gilles-Marie) . . . .
	Construction de bâtiments pour les officiers.	CARTAUD (Jean-Sylvain) . . . . .
	Construction de la façade sur la 2e cour	CONTANT D'IVRY (Pierre). . . . .
	Construction du grand escalier. .	. . . . id. . . . . . .
	Avant-corps de gauche et cour des Fontaines.	. . . . id. . . . . . .
	Reconstruction de la salle d'Opéra	MOREAU (Pierre-Louis) . . . . .

DATES	NOTES	OBSERVATIONS
. . . . en 1835		
. . . . de 1836 à 1841		
. . . . Id.		
. . . . de 1843 à 1844		
. . . . de 1886 à 1887	*Sculpture du fronton par* CRAUCK, *en 1888.*	
. . . . de 1810 à 1814 . . .	*Il fut occupé par la Cour des Comptes et le Conseil d'État.*	
. . . . de 1833 à 1835	*Incendié en mai 1871. Encore en ruines en 1888.*	
. . . . de 1629 à 1636	*Sur l'emplacement de l'hôtel de Mercœur et d'un ancien hôtel de Rambouillet.*	
. . . . en 1660		
. . . . en 1692	*Remplacée, dans la suite, par le Théâtre Français.*	
. . . . en 1717	*A proximité de la grande galerie.*	
. . . . vers 1757	*A droite de la 1ʳᵉ et de la 2ᵉ cour.*	
. . . . de 1758 à 1770		
. . . . id.	*Rampe exécutée par* CORBIN, *sur les dessins de* CAFFIERI.	
. . . . id.		
. . . . de 1763 à 1770	*Après l'incendie du 6 avril 1763. Cette nouvelle salle brûla en 1781*	

MONUMENTS	HISTORIQUE	ARCHITECTES
PALAIS-ROYAL (Suite).....	Construction de la façade actuelle.	Moreau (Pierre-Louis).....
	Construction des grandes galeries entourant le jardin......	Louis (Victor)........
	Construction d'un cirque dans le milieu du jardin......	.... id.........
	Construction de la Salle du Tribunat...........	Beaumont et Huyot........
	Construction de la galerie d'Orléans par.........	Fontaine.........
	Travaux d'aménagement par...	Chabrol (Prosper)........
PALAIS DES THERMES.... *Boulevard Saint-Michel.*	Construit sous Constance Chlore.	....
	Travaux de restauration.....	....
PALAIS DU TRIBUNAL DE COMMERCE......... *Boulevard du Palais.*	Construit par........	Bailly (Antoine-Nicolas-Louis)
PALAIS DU TROCADÉRO... *Place du Trocadéro.*	Construit par........	Davioud et Bourdais.......

DATES	NOTES	OBSERVATIONS
. . . . de 1763 à 1770	*Frontons sculptés, par* Augustin Pajou.	
. . . . de 1780 à 1784		
. . . . en 1786	*Incendié en 1799.*	
. . . . en 1810	*Démolie en 1827.*	
. . . . de 1828 à 1829	*Remplaçant la galerie de bois.*	
. . . . de 1849 à 1860		
. . . . .vers 292		
. . . . en 1820		
. . . . de 1860 à 1865		
. . . . de 1877 à 1878	*Sur l'emplacement du couvent des Visitandines de Chaillot, où devait s'élever le Palais du Roi de Rome.*	

ÉDIFICES CIVILS

MONUMENTS	HISTORIQUE	ARCHITECTES
HOTEL DE LA BANQUE DE FRANCE. . . . . *Rue de La Vrillière.*	Anciens bâtiments construits par	MANSART (François) . . . .
	Nouveaux bâtiments par.	CRÉTIN (Gabriel) . . . .
HOTEL DE LA CAISSE DE DÉPOTS ET CONSIGNATIONS. *Rue de Lille, 56, et quai d'Orsay, 3.*	Ancien Hôtel de Belle-Isle par. .	BRUAND (François). . . . . . .
	Reconstruction et adjonctions par.	EUDES (Hippolyte-Émile). . . . .
HOTEL DE LA CHAMBRE DES NOTAIRES. . . . . *Place du Châtelet.*	Construit par.	ROHAULT DE FLEURY (Charles) . .
HOTEL DU COMPTOIR D'ES-COMPTE. . . . . *Rue Bergère, 14 et 16.*	Construit par	CORROYER (Édouard-Jules). . . .
HOTEL DES INVALIDES. . . . *Esplanade des Invalides.*	Construit par.	BRUAND (Libéral) . . . . . . , .
HOTEL DU MINISTÈRE DES AFFAIRES ÉTRANGÈRES. . . *Rue de l'Université, 130, et quai d'Orsay, 37.*	Construit par.	LACORNÉE (Jacques). . . . . . .
HOTEL DU MINISTÈRE DE L'AGRICULTURE ET DU COMMERCE . . . . *Rue de Varenne, 78.*	Construit par.	BRUNE (Emmanuel). . . . . . .
HOTEL DU MINISTÈRE DE LA GUERRE. . . . . *Boulevard Saint-Germain, 231, et rue Saint-Dominique.*	Nouveaux bâtiments par.	BOUCHOT . . . .
HOTEL DU MINISTÈRE DE L'INSTRUCTION PUBLIQUE. . *Rue de Grenelle, 110.*	Ancien Hôtel Rochechouart par .	CHERPITEL (Mathurin). . . . . .
	Travaux d'appropriation par. . .	DE GISORS (Alphonse) . . . . . .

GRANDS HOTELS

DATES	NOTES	OBSERVATIONS
. . . . .1635	*Primitivement hôtel de la Vril-lière, puis hôtel de Toulouse.*	
. . . . .1853	*Signés et datés.*	
. . . . vers 1721		
. . . . . de 1872 à 1873	*Après l'incendie partiel de mai 1871*	
. . . . en 1857		
. . . . de 1878 à 1882	*Occupe l'emplacement de l'ancien hôtel de Rougemont.*	
. . . . . de 1671 à.	*Voir : Église Saint-Louis des In-valides.*	
. . . . . de 1845 à 1856		
. . . . . de 1884 à 1887		
. . . . . de 1867 à 1878 . . .	*Les anciens bâtiments sur la rue Saint-Dominique faisaient par-tie de l'hôtel de Brienne et du couvent des Filles de Saint-Joseph.*	
. . . . vers 1775		
. . . . en 1840 . . .		

MONUMENTS	HISTORIQUE	ARCHITECTES
HOTEL DU MINISTÈRE DE L'INTÉRIEUR . . . . *Place Beauvau.*	Ancien Hôtel de Beauvau par . .	LE CAMUS DE MÉZIÈRES . . . . .
	Affecté au ministère	
HOTEL DU MINISTÈRE DE LA MARINE ET DES COLONIES . *Place de la Concorde.*	Un des hôtels de la place de la Concorde, construit par	GABRIEL. (Jacques-Ange). . . . .
HOTEL DU MINISTÈRE DES TRAVAUX PUBLICS . . . . . *Boulevard Saint-Germain, 244 et 246.*	Ancien Hôtel de Roquelaure construit par	LASSURANCE (CAILLETEAU, dit). .
	Achevé et décoré par	LE ROUX (J.-B.) . . . .
	Nouveaux bâtiments par.	GODEBŒUF (Eugène). . . . . .
HOTEL DES MONNAIES . . . . *Quai Conti, 11.*	Construit par.	ANTOINE (Jacques-Denis). . . . .
HOTELS DE LA PLACE DE LA CONCORDE . . . . *Place de la Concorde.*	Construits par	GABRIEL (Jacques-Ange). . . .
HOTEL DES POSTES. . . . . . *Rue Étienne-Marcel.*	Construit par.	GUADET (Jules). . . . .
HOTEL DE LA PRÉSIDENCE DU CORPS LÉGISLATIF . . . . . *Rue de l'Université, 128.*	Ancien Hôtel de Lassay par . . .	LASSURANCE (CAILLETEAU, dit) . .
	Portail construit par	AUBERT (Jean) . . . .
HOTEL DU TIMBRE . . . . . . *Rue de la Banque, 15.*	Commencé par.	LELONG (Paul) . . . .
	Achevé par	BALTARD (Victor). . . . . . .
HOTEL DES VENTES . . . . . *Rue Drouot, 9.*	Commencé par.	LEVASSEUR et LEJEUNE. . . . . .
	Achevé par.	PALIARD (Louis-Victor) . . . . .

DATES	NOTES	OBSERVATIONS
. . . . vers 1780		
. . . . . . depuis 1857		
. . . . . de 1762 à 1770		
. . . . en 1722	*L'hôtel de Roquelaure devint l'hôtel Molé en 1740. Sous le premier Empire, il devint l'hôtel de Cambacérès.*	
. . . .		
. . . . . de 1861 à 1867		
. . . . de 1771 à 1775	*Sur l'emplacement de l'Hôtel de Conti.*	
. . . . de 1762 à 1770	*Sculptures des frontons, par Michel-Ange* SLODTZ *et Guillaume* COUSTOU *le Jeune.*	
. . . . de 1884 à 1888	*Sur l'emplacement de l'hôtel d'Herwart.*	
. . . . 1724		
. . . . vers 1738		
. . . . en 1830		
. . . . en 1846		
. . . . en 1851		
. . . . en 1858		

ÉDIFICES CIVILS

MONUMENTS	HISTORIQUE	ARCHITECTES
HOTEL D'ALBRET. . . . . . . *Rue des Francs-Bourgeois, 31.*	Construit par	Mansart (François). . . . . . .
HOTEL DES ARCHEVÈQUES DE SENS . . . . *Rue de l'Hôtel-de-Ville, 2, et rue du Figuier, 1.*	Construit par Tristan de Salazar.	. . . .
HOTEL D'AUMONT. . . . . . . *Rue de Jouy, 7.*	Construit par.	Mansart (François). . . . . . .
HOTEL D'AVAUX OU DE SAINT-AIGNAN. . . . . *Rue du Temple, 71.*	Construit par.	Le Muet (Pierre). . . . . . .
HOTEL DE BOUILLON . . . . . *Quai Malaquais, 15.*	Construit par.	Mansart (François). . . . . . .
HOTEL DE BEAUVAIS . . . . . *Rue François-Miron, 62.*	Construit par.	Lepautre (Antoine). . . . . . .
HOTEL DE BELLE-ISLE . . . . *Quai d'Orsay, 3, et r. de Lille, 56.*	Construit par.	Bruand (François). . . . . . .
HOTEL DE BIRON . . . . *Rue de Varenne, 77.*	Construit par.	Aubert (Jean) . . . .
HOTEL DE BOURGOGNE . . . . *Rue Étienne-Marcel.*	(Tour dite de Jean-sans-Peur). .	. . . .
HOTEL CARNAVALET . . . . . *Rue de Sévigné, 23.*	Plans donnés par.	Lescot (Pierre). . . . .
	Construction par	Bullant (Jean). . . . .
	Exhaussement de l'aile droite par	Androuet du Cerceau (Jean) . .

HOTELS HISTORIQUES ET PARTICULIERS

DATES	NOTES	OBSERVATIONS
. . . . vers 1650		
. . . . de 1498 à 1507	L'inscription est faite.	
. . . . vers 1660		
. . . . vers 1660		
vers le milieu du XVIIᵉ siècle	En dernier lieu Hôtel de Chimay, appartient actuellement à l'École des Beaux-Arts.	
. . . . de 1655 à 1658	La façade sur la rue est complétement mutilée. Les caves du bâtiment sur la rue sont du XIIIᵉ siècle; ce sont les caves de l'hôtel des Abbés de Chaalis.	
. . . . vers 1721	Actuellement Caisse des Dépôts et Consignations et totalement transformé.	
. . . . vers 1728	Ancien hôtel de Moras, puis de la Dᵉˢˢᵉ du Maine, puis de Biron, aujourd'hui couvent du Sacré-Cœur.	
. . . . XVᵉ siècle		
. . . .	Sculptures de J. GOUJON et de VAN OBSTAL.	
. . . . vers 1547		
. . . .		

MONUMENTS	HISTORIQUE	ARCHITECTES
HOTEL CARNAVALET *(Suite)*. .	Achèvement par	Mansart (François) . . . .
HOTEL DU CERCLE DE LA LI- BRAIRIE . . . . *Boulevard Saint-Germain. 117.*	Construit par.	Garnier (Charles) . . . .
HOTEL DE CHALONS OU DE LUXEMBOURG. . . . . . . *Rue Geoffroy-l'Asnier, 26.*	Construit.	
HOTEL CLAUDE AYMIER . . . *Rue du Jour, 25.*	Construit	
HOTEL DE CLUNY. . . . . . *Rue du Sommerard.*	Commencé par Pierre de Chalus.	. . . .
	Terminé par Jacques d'Amboise.	. . . .
HOTEL FIEUBET. . . . . . . *Quai des Célestins, 2.*	Construit par.	Mansart (François). . . . . . .
HOTEL DE FURSTENBERG . *Rue de l'Abbaye, 3.*	Ou Palais Abbatial, construit pour le cardinal de Bourbon	
HOTEL HESSELIN . . . . . . *Quai de Béthune, 24.*	Construit par.	Levau (Louis) . . . .
HOTEL DE HOLLANDE. . . . *Rue Vieille-du-Temple, 47.*	Construit	Cottard . . . .
HOTEL LAMBERT . . . . *Rue Saint-Louis-en-l'Ile, 2.*	Construit par.	Levau (Louis). . . . . . .
HOTEL DE LAMOIGNON . . . *Rue Pavée, au Marais, 24.*	Construit pour Diane de France.	. . . .
	Acquis par la famille de Lamoignon	. . . .
	Notables changements opérés , .	. . . .
HOTEL DE LAUZUN. . . . . . *Quai d'Anjou, 17.*	Construit.	
HOTEL DE LA REYNIÈRE . . . *Avenue Gabriel, 2.*	Construit par.	Barré . . . .
HOTEL DE LA VIEUVILLE. . . *Rue Saint-Paul, 2.*	Premiers bâtiments.	
	Autres bâtiments	

DATES	NOTES	OBSERVATIONS
. . . . en 1634	*Voyez : Bibliothèque de la Ville de Paris.*	
. . . . de 1878 à 1879		
. . . . en 1625	*Inscription sur la porte.*	
. . . . vers 1618	*La communauté des Filles de Sainte-Agnès y fut installée en 1686.*	
. . . . en 1485		
. . . . en 149ɔ	*Aujourd'hui : Musée de Cluny.*	
vers le milieu du XVIIe siècle . .	*Absolument dénaturé aujourd'hui par une restauration de fantaisie.*	
. . . . vers 1586 . . .		
au milieu du XVIIe siècle		
. . . . vers 1650	*Primitivement, Hôtel de Bizeuil.*	
au milieu du XVIIe siècle		
. . . . en 1558		
. . . . en 1681		
. . . . en 1718		
dans la prem. moitié du XVIIe sᵉ.	*Nomme aussi Hôtel de Pimoda..*	
. . . . vers 1777	*Hôtel de Grimod de la Reynière, situé avenue Gabriel, au coin de la rue Boissy-d'Anglas.*	
commencement du XVIe siècle . .		
. . . . XVIIe siècle		

MONUMENTS	HISTORIQUE	ARCHITECTES
HOTEL DE LA VRILLIÈRE. . . Rue Saint-Florentin, 2.	Construit par.	CHALGRIN (Jean-François-Thérèse)
HOTEL dit le PETIT LUXEMBOURG Rue de Vaugirard.	Construit pour le cardinal de Richelieu.	. . . .
	Propriété de la princesse de Bourbon.	. . . .
	Changements importants par . .	BOFFRAND (Germain) . . . . . .
HOTEL DE LUYNES . . . . . . Boulevard Saint-Germain, 203.	Construit par.	LE MUET (Pierre). . . . . . .
	Nouvelles constructions par. . .	DESTAILLEUR (Hippolyte) . . . .
HOTEL DE MATIGNON. . . . . Rue de Varenne, 59.	Construit par.	COURTONNE. . . . .
	Transformé par	BRONGNIART (Alexand.-Théodore).
HOTEL DE MAYENNE . . . . . Rue Saint-Antoine, 212.	Construit par	ANDROUET DU CERCEAU (Jean) . .
HOTEL POMPÉIEN. . . . . . . Avenue Montaigne, 18.	Premiers plans par.	ROUGEVIN (Auguste) . . . . .
	Construit par	NORMAND (Alfred). . . . . . .
HOTEL DE POURTALÈS. . . . Rue Tronchet, 7.	Construit par	DUBAN (Jacques-Félix). . . . . .
HOTEL DU PRÉVOT. . . . . . Passage Charlemagne.	Les bâtiments existants sont. . .	. . . .
HOTEL DU Cal DE ROHAN. . . Rue Vieille-du-Temple, 87.	Construit par	DELAMAIRE. . . . .
HOTEL SALÉ OU LE CAMUS. . Rue de Thorigny, 5.	Construit.	. . . .
HOTEL DE SAVOIE . . . . . . Rue Garancière, 10	Construit par	GITTARD (Daniel) . . . . . .

DATES	NOTES	OBSERVATIONS
. . . . . .de 1765 à 1767. . .		
. . . . en 1629	*Aujourd'hui hôtel de la présidence du Sénat.*	
. . . . en 1709		
. . . . . . vers 1710		
. . . . . . vers 1640	*La façade démolie en 1877 donnait sur la rue Saint-Dominique.*	
. . . . en 1878		
. . . . . . vers 1721	*Pour le prince de Tingrit (Maréchal de Montmorency).*	
. . . .	*Pour le prince de Monaco.*	
Au commencement du xviiᵉ siècle.	*Puis hôtel d'Ormesson.* *La façade sur la rue est modifiée.*	
. . . .		
. . . . de 1856 à 1858	*Pour le prince Napoléon.*	
. . . .		
. . . . . du xviᵉ siècle	*Ancien hôtel du prévôt Hugues Aubriot, au XIVᵉ siècle.*	
. . . . vers 1712	*Aujourd'hui, Imprimerie nationale.*	
. . . . vers 1656	*Occupé jusqu'en 1883 par l'École Centrale des Arts et Manufactures.*	
. . . . vers 1680	*Fut, quelque temps, occupé par la mairie de l'ancien XIᵉ arrondissement.*	

MONUMENTS	HISTORIQUE	ARCHITECTES
HOTEL SCIPION . . . . *Place Scipion.*	Construit pour Scipion Sardini .	. . . .
HOTEL DE SOUBISE. . . . . *Rue des Francs-Bourgeois, 58.*	Construit par	DELAMAIRE. . . . .
	Décorations intérieures par. . .	BOFFRAND (Germain) . . . . . .
HOTEL DE SOISSONS . . . . . *Rue de Viarme.*	Colonne astronomique construite dans cet hôtel par	BULLANT (Jean). . . . . . .
HOTEL DE SULLY. . . . . . *Rue Saint-Antoine, 143.*	Construit par	ANDROUET DU CERCEAU (Jean) . .
HOTEL DE TOULOUSE. . . . . *Rue de la Vrillière.*	Construit pour Phélipeaux, marquis de la Vrillière, par . . .	MANSART (François). . . . . .
HOTEL DE LA TRÉMOILLE . *Rue des Bourdonnais.*	Construit	. . . .

DATES	NOTES	OBSERVATIONS
. . . . . au XVIᵉ siècle	*Occupé par la boulangerie centrale des hôpitaux.*	
. . . . en 1706	*Aujourd'hui Palais des Archives.*	
. . . . vers 1710	*Sur la rue des Archives il reste des traces de l'Hôtel d'Olivier de Clisson (fin du XIVᵉ siècle).*	
. . . . en 1572	*L'inscription est faite.*	
. . . . de 1624 à 1630	*La façade sur la rue est modifiée.*	
. . . . en 1635	*Primitivement hôtel de la Vrillière, aujourd'hui fait partie de la Banque de France.*	
. . . . . au XVᵉ siècle	*Occupait l'emplacement du n° 31, rue des Bourdonnais. Fragments conservés à l'École des Beaux-Arts.*	

ÉDIFICES CIVILS

MONUMENTS	HISTORIQUE	ARCHITECTES
BIBLIOTHÈQUE DE L'ARSENAL *Rue de Sully.*	Anciens bâtiments sur la rue de Sully	. . . .
	Décoration du cabinet du duc de la Meilleraye	. . . .
	Façade sur le boulevard Morland.	Boffrand (Germain) . . . . . .
	Restauration de la façade sur la rue de Sully	Labrouste (Théodore) . . . . .
	Grande entrée à l'ouest et nouvel escalier	. . . . . . Id . . . .
	Aménagement du cabinet dit de Sully	. . . . . . Id . . . .
BIBLIOTHEQUE NATIONALE . . *Rue des Petits-Champs et rue de Richelieu.*	Anciens bâtiments construits par .	Le Muet (Pierre) . . . .
	Augmentés et terminés par . . .	Mansart (François) . . . .
	Porte d'entrée sur la rue Neuve-des-Petits-Champs par	Mollet (Armand-Claude) . . . .
	Grands bâtiments au fond et à gauche de la grande cour, construits par	De Cotte (Robert) . . . .
	Galerie des Globes	. . . . . . Id . . . .
	Restauration du Palais Mazarin par	Labrouste (Henri) . . . . . .
	Construction de nouveaux bâtiments sur la rue Richelieu avec pavillon d'angle sur la rue des Petits-Champs	. . . . . Id . . . . . .
	Construction des bâtiments supplémentaires de la grande cour. .	. . . . . . Id . . . .

ÉTABLISSEMENTS D'INSTRUCTION PUBLIQUE

DATES	NOTES	OBSERVATIONS
Commencement du XVIIᵉ siècle .	Ancienne résidence du Grand Maître de l'artillerie.	
. . . . vers 1630	Nommé, par erreur, Cabinet de Sully.	
. . . . de 1715 à 1718		
. . . . de 1856 à 1870		
. . . . Id.		
. . . . Id.	Dans les nouveaux bâtiments de l'aile droite.	
. . . . de 1633 à 1634	Ancien Hôtel Tubœuf, puis palais Mazarin.	
. . . . vers 1649		
. . . . en 1719		
. . . . de 1724 à 1735		
. . . . Id.		
. . . . de 1855 à 1875		
. . . . Id.		
. . . . Id.		

MONUMENTS	HISTORIQUE	ARCHITECTES
BIBLIOTHÈQUE NATIONALE. . *(Suite)*	Construction de la grande salle de lecture.	LABROUSTE (Henri) . . . .
	Aménagements intérieurs des bâtiments sur la place Louvois. .	PASCAL (Jean-Louis). . . . . .
	Reconstruction entière du bâtiment sur la rue Colbert. . . .	. . . . Id. . . . . . .
	Réfection complète de l'intérieur du bâtiment du fond de la grande cour	. . . . Id. . . . . . .
BIBLIOTHÈQUE Ste-GENEVIÈVE. *Place du Panthéon.*	Construite par	LABROUSTE (Henri) . . . .
BIBLIOTHÈQUE ET MUSÉE DE LA VILLE DE PARIS . . . . *Rue de Sévigné.*	Anciens bâtiments construits par.	LESCOT (Pierre), BULLANT (Jean), ANDROUET DU CERCEAU (Jean), et MANSART (François) . . . .
	Travaux de restauration par . .	PARMENTIER . . . .
	. . . . Id	LAISNÉ (Charles) . . . . . .
	Nouveaux bâtiments par	ROGUET (Félix). . . . .
	Bâtiments sur la rue des Francs-Bourgeois par	BOUVARD (Joseph-Antoine). . . .
COLLÈGE DE FRANCE. . . . . *Place du Collège de France.*	Première pierre posée sous Louis XIII	. . . .
	Agrandissement des bâtiments par	CHALGRIN (Jean-François-Thérèse).
	Façade sur la place Cambray . .	LETAROUILLY (Paul-Marie) . . . .
	Pavillons et portiques sur la rue Saint-Jacques.	. . . . Id . . . . . .
COLLÈGE CHAPTAL. . . . . . *Boulevard des Batignolles, 45.*	Construit par.	TRAIN (Eugène). . . . .

DATES	NOTES	OBSERVATIONS
. . . . de 1861 à 1867		
. . . . de 1877 à 1888		
. . . . Id.		
. . . . Id.		
. . . . de 1843 à 1849	*Sur l'emplacement de l'ancien Collège de Montaigu.*	
. . . .	*Voyez : Hôtel Carnavalet.*	
. . . . de 1866 à 1868		
. . . . de 1868 à 1871		
. . . . de 1871 à 1875	*Adjonction de la Façade des Drapiers et du pavillon de Choiseul.*	
. . . . de 1887 à 1888	*Adjonction de l'Arc de Nazareth.*	
. . . . en 1610	*Sur l'emplacement des collèges de Cambrai et de Tréguier.*	
. . . . en 1774		
. . . . en 1834		
. . . . Id		
. . . . de 1866 à 1876		

MONUMENTS	HISTORIQUE	ARCHITECTES
COLLÈGE ROLLIN. . . . . . . *Avenue Trudaine, 12*	Construit par.	ROGER (Napoléon-Alexandre). .
COLLÈGE SAINTE-BARBE . . . *Rue Cujas, 2.*	Construit par.	LABROUSTE (Th.) et LABROUSTE (H.
	Agrandissements par	LHEUREUX (Louis-Ernest) . . . .
COLLÈGES *(transformés en lycées).*	. . . .	. . . .
CONSERVATOIRE DES ARTS ET MÉTIERS . . . . *Rue Saint-Martin, 292.*	Ancien prieuré de Saint-Martin- des-Champs, fondé	. . . .
	Construction de l'église, chœur et abside.	. . . .
	Construction de la nef de l'église.	. . . .
	Réfectoire construit par.	PIERRE DE MONTREUIL. . . . . .
	Établissement du Conservatoire .	. . . .
	Restauration de l'église, du réfec- toire et des anciens bâtiments par	VAUDOYER (Léon) . . . .
	Nouveaux bâtiments sur la cour ; entrée principale et bâtiments sur la rue Saint-Martin	. . . . . . Id. . . . .
	Décoration de la salle de la fila- ture.	ANCELET (Gabriel-Auguste). . . .
	Construction de l'aile gauche de la façade sur la rue Saint-Martin.	. . . . Id. . . . . . .
	Restauration de la tour du Vert- bois et de la fontaine	. . . . Id. . . . . . .
	Nouvelle galerie sur la rue Vau- canson.	. . . . Id. . . . . . .
ÉCOLE DES BEAUX-ARTS . . . *Rue Bonaparte, 14, et quai Malaquais, 11 et 13.*	Ancien couvent des Petits-Augus- tins fondé	. . . .

DATES	NOTES	OBSERVATIONS
. . . . de 1866 à 1877		
. . . . en 1840	*Sur l'emplacement de l'ancien collège de ce nom.*	
. . . . en 1881		
. . . .	. . . .	*Voyez :* LYCÉES.
. . . . en 1060		
milieu du XIIᵉ siècle environ . .		
milieu du XIIIᵉ siècle environ. . .		
. . . . XIIIᵉ siècle		
. . . . en 1798		
. . . . de 1845 à 1872		
. . . . Id		
. . . . en 1873		
. . . . de 1876 à 1886		
. . . . Id		
. . . . de 1886 à 1888	*L'aile droite de cette galerie n'est pas encore exécutée.*	
. . . . en 1609		

MONUMENTS	HISTORIQUE	ARCHITECTES
ÉCOLE DES BEAUX-ARTS *(Suite)*	Premiers travaux de l'École par.	Debret (François) . . . .
	Continués par	Duban (Jacques-Félix) . . . . .
	Façade sur le quai Malaquais et salle Melpomène	Duban (Jacques-Félix) . . . . .
	Transformation de la cour centrale des bâtiments, en cour vitrée, pour le musée des études par.	Coquart (Ernest) . . . .
	Adjonction de l'hôtel de Chimay, aménagé par	. . . . Id . . . .
ÉCOLE CENTRALE DES ARTS ET MANUFACTURES . . . . *Rue Vaucanson et rue Montgolfier.*	Premiers plans et commencement de construction par	Demimuid (René) . . . .
	Construite par	Denfer (J.) . . . .
ÉCOLE DE DESSIN . . . . . . *Rue de l'École-de-Médecine, 5.*	Ancien amphithéâtre Saint-Côme construit par	Joubert (Charles) . . . .
	Bâtiments annexes	Joubert (Louis) le fils . . . . . .
	Travaux d'agrandissement par . .	Constant Dufeux . . . .
ÉCOLE DE DROIT . . . . . . *Place du Panthéon, 10.*	Construite par	Soufflot (Jacques-Germain) . . .
	Bibliothèque de l'école par . . .	Lheureux (Louis-Ernest) . . . .
ÉCOLE DE MÉDECINE . . . . . *Rue de l'École-de-Médecine et boulevard Saint-Germain, 83.*	Anciens bâtiments construits par.	Gondoin (Jacques) . . . .
	Nouveaux bâtiments et façade monumentale sur le boulevard Saint-Germain	Ginain (Léon) . . . .
ÉCOLE DES MINES . . . . . . *Boulevard Saint-Michel, 60.*	Ancien Hôtel de Vendôme construit	. . . .
	Nouveaux bâtiments par	Duquesnay (François-Alexandre) .
	Nouvelles salles et travaux pour l'alignement du boulevard Saint-Michel par	Valez . . . .

DATES	NOTES	OBSERVATIONS
. . . . de 1818 à 1832		
. . . . de 1832 à 1838		
. . . . de 1860 à 1861		
. . . . en 1875		
. . . . de 1887 à 1888		
. . . . en 1878	*Sur l'emplacement du marché Saint-Martin.*	
. . . . de 1881 à 1885		
. . . . de 1691 à 1694	*École de dessin depuis 1776.*	
. . . . de 1707 à 1710		
. . . . en 1841		
. . . . en 1771		
. . . . de 1876 à 1878		
. . . . de 1769 et 1786	*Bas-relief du portique extérieur et fronton de l'amphithédtre par* BERRUER.	
. . . . de 1877 à 1888		
au commenc' du XVIII° siècle . .		
. . . . . de 1838 à 1848		
. . . . . . de 1860 à 1863		

MONUMENTS	HISTORIQUE	ARCHITECTES
ECOLE MONGE . . . . *Boulevard Malesherbes, 141.*	Premiers plans dressés par. . . .	DEMIMUID (René) . . . .
	Construction par	DEGEORGE (Hector) . . . .
ÉCOLE NORMALE SUPÉRIEURE. *Rue d'Ulm, 45.*	Construite par	GISORS (Henri-Alphonse-Guy de) .
ÉCOLE DE PHARMACIE. . . . *Avenue de l'Observatoire, 4.*	Construite par	LAISNÉ (Charles) . . . .
ÉCOLE POLYTECHNIQUE. . . . *Place de l'École-Polytechnique.*	Ancien Collège de Navarre et ancien Collège Boncourt . . .	
	Porte monumentale par	RÉNIÉ (A.-M.) . . . .
	Bâtiments sur le square Monge. .	HENRY. . . . .
	Bâtiments sur la rue Cardinal-Lemoine (service de la physique).	. . . . Id. . . . .
ÉCOLE DES PONTS ET CHAUSSÉES *Rue des Saints-Pères, 26 et 28.*	Ancien hôtel de Fleury, par . . .	ANTOINE (Jacques-Denis). . . . .
	Travaux d'aménagement, par. . .	GARREZ (Pierre-Joseph) . . . . .
	Nouveaux bâtiments, par	GODEBOEUF (Eugène). . . . . . .
	Id. terminés, par.	FAURE-DUJARRIC. . . . .
ÉCOLE TURGOT . . . . *Rue Turbigo, 69.*	Construite par	CHAT (Sulpice-Eugène-Alexandre).
INST°° DES JEUNES AVEUGLES *Boulevard des Invalides, 56.*	Construite par	PHILIPPON-DELACROIX . . . . . .
INST°° DES SOURDS ET MUETS *Rue Saint-Jacques, 254.*	Ancien séminaire de Saint-Magloire fondé	. . . .
LYCÉE CONDORCET . . . . . . *Rue du Havre, 8, et rue Caumartin, 65.*	Anciens bâtiments du couvent des Capucins, construits par. . . .	BRONGNIART (Alexandre-Théodore)
	Nouveaux bâtiments sur la rue du Havre, construits par.	DUC (Louis-Joseph) . . . .
LYCÉE CONDORCET (PETIT). . . *Rue de Hambourg, 2.*	Construit par	LE COEUR (Charles) . . . .

DATES	NOTES	OBSERVATIONS
. . . . .1875		
. . . de 1876 à 1881		
. . . de 1841 à 1847		
. . . . . de 1876 à 1885	*Sur l'emplacement d'une partie du jardin des Chartreux.*	
. . . .	*L'École s'y installa en 1804.*	
. . . . en 1838	*La signature et la date s'y trouvent.*	
. . . . . de 1872 à 1873		
. . . . . de 1880 à 1883		
. . . . en 1768	*Ministère des Cultes, sous la Restauration, puis Ministère des Travaux Publics.*	
. . . . . de 1842 à 1845	*Installation de l'École en 1845.*	
. . . . . de 1868 à 1878		
. . . . en 1879		
. . . . . de 1866 à 1874		
. . . . . de 1836 à 1843		
. . . . en 1618		
. . . . en 1783		
. . . . en 1859		
. . . . . de 1881 à 1882		

MONUMENTS	HISTORIQUE	ARCHITECTES
LYCÉE HENRI IV . . . . *Rue Clovis, 23.*	Ancienne abbaye de Ste-Geneviève	. . . .
	Tour dite de Clovis (tour de l'ancienne église).	. . . .
	Anciennes cuisines et réfectoire des abbés	. . . .
	Grand escalier de la Bibliothèque construit par.	Le père De Creil (Claude-Paul).
	Cloître de la cour d'entrée par. .	. . . . Id . . . . . .
	Réfection de ce cloître	. . . . , . .
	Nouveaux bâtiments sur la rue Clovis construits par	Lahure . . . .
	Restauration à la tour dite de Clovis, par.	Ruprich - Robert (Victor - Marie - Charles). . . . .
LYCÉE LOUIS-LE-GRAND. . . . *Rue Saint-Jacques, 123.*	Ancien collège de Clermont . . .	. . . .
	Reconstruction de ce collège par	Guillain (Augustin) . . . . . .
	Nommé collège Louis-le-Grand. .	. . . .
	Réunion des collèges de Marmoutiers et du Plessis	. . . .
	Nouveaux bâtiments construits par	Le Cœur (Charles) . . . . . .
LYCÉE LOUIS-LE-GRAND (Petit) *Avenue de l'Observatoire et rue de l'Abbé-de-l'Épée.*	Construit par.	. . . . Id . . . . . .
LYCÉE SAINT-LOUIS . . . . . . *Boulevard Saint-Michel, 40 et 42.*	Ancien collège d'Harcourt. . . .	. . . .
	Nouveaux bâtiments construits par	Bailly (Antoine-Nicolas-Louis). .

DATES	NOTES	OBSERVATIONS
. . . .		
XIIe siècle, XIIIe siècle, XIVe siècle.	*L'église fut démolie en 1807.*	
. . . . . . XIIIe siècle	*Le réfectoire est la chapelle actuelle.*	
. . . . vers 1701		
. . . . Id		
. . . . en 1746		
. . . . de 1825 à 1830		
. . . . de 1885 à 1886		
. . . .		
. . . . en 1628		
. . . . en 1674		
. . . . en 1682		
. . . . de 1887 à 1888		
. . . . de 1882 à 1885		
. . . .		
. . . . de 1861 à 1865		

46

MONUMENTS	HISTORIQUE	ARCHITECTES
MUSÉUM D'HISTOIRE NATURELLE ET JARDIN DES PLANTES	Habitation du Directeur (Ancien Hôtel de Vauvray)	BULLET (Pierre) . . . .
	Ancienne serre construite par . .	MOLINOS (J) . . . .
	Musée de Minéralogie par. . . .	ROHAULT DE FLEURX (Charles) . .
	Ménagerie des reptiles par . . .	ANDRÉ (Jules) . . . .
	Nouveaux bâtiments du Muséum .	. . . . Id. . . . .
OBSERVATOIRE.	Construit par	PERRAULT (Claude) . . . . . .
	Travaux de restauration par . .	BRÉBION ET RENARD. . . . . .
	Construction de l'Amphithéâtre	DE GISORS (Alphonse) . . . . .
LA SORBONNE.	Construite par	LEMERCIER (Jacques) . . . . .
	Nouveaux bâtiments par	NÉNOT (Paul) . . . .

DATES	NOTES	OBSERVATIONS
. . . fin du xviie siècle		
. . . . .en 1802		
. . . . de 1832 à 1838		
. . . . .en 1875		
. . . . de 1878 à	*Encore en cours de construction en 1888.*	
. . . . de 1667 à 1672		
. . . . en 1786		
. . . . en 1875		
. . . . de 1629 à 1653		
. . . . de 1884 à	*Encore en cours de construction en 1888.*	

ÉDIFICES CIVILS

MONUMENTS	HISTORIQUE	ARCHITECTES
THÉATRE DE L'AMBIGU . . . *Boulevard Saint-Martin.*	Construit par.	LECOINTE et HITTORFF. . . . . .
THÉATRE DU CHATELET . . . *Place du Châtelet.*	Construit par.	DAVIOUD (Gabriel) . . . .
EDEN-THÉATRE . . . . *Rue Boudreau.*	Construit par	KLEIN et DUCLOS. . . . . . .
THÉATRE-FRANÇAIS . . . . . *Place du Théâtre-Français.*	Construit par.	LOUIS (Victor) . . . .
	Nouveaux bâtiments par.	CHABROL (PROSPER). . . . . . .
THÉATRE DE LA GAITÉ. . . . *Square des Arts-et-Métiers.*	Construit par.	CUSIN . . . .
THÉATRE DU GYMNASE. . . . *Boulevard Bonne-Nouvelle.*	Construit par.	ROUGEVIN et DE GUERCHY . . . .
	Nouvelle façade par	DE LALANDE . . . .
THÉATRE DES ITALIENS . . . *Rue Méhul.*	(Salle Ventadour.)Construction par	HUVÉ et DE GUERCHY . . . . . .
THÉATRE LYRIQUE . . . . . . *Place du Châtelet.*	Construit par.	DAVIOUD (Gabriel). . . . . .
	Reconstruction de diverses parties	. . . . Id . . . .
THÉATRE DE L'ODÉON . . . , *Place de l'Odéon.*	Construit par.	DE WAILLY (Charles) et PEYRE (Marie-Joseph) . . . .
	Reconstruction par	CHALGRIN (Jean-François-Thérèse).
	Réparations par	PEYRE (Antoine-Marie) . . . . .
THÉATRE DE L'OPÉRA . . . . *Rue Le Peletier.*	(Salle de la rue Le Peletier.) Construction par	DEBRET (François) . . . . . .
THÉATRE DE L'OPÉRA . . . . *Place de l'Opéra.*	Construit par	GARNIER (Charles). . . . . . .

THÉATRES

DATES	NOTES	OBSERVATIONS
. . . . en 1828		
. . . . de 1860 à 1862		
. . . . en 1876		
. . . . de 1786 à 1790	*Ouvert au public le 13 mai 1790, comme théâtre des Variétés.*	
. . . . . . de 1860 à 1864		
. . . . de 1861 à 1862		
. . . . en 1820		
. . . . en 1879		
. . . . en 1829	*Actuellement occupé par une maison de banque.*	
. . . . de 1860 à 1862		
. . . . en 1871	*après l'incendie de mai 1871.*	
. . . . de 1779 à 1782		
. . . . .1799	*après l'incendie de 1799.*	
. . . . .1818	*après l'incendie de 1818.*	
. . . . en 1821	*Incendié le 29 octobre 1873; a fait place à des maisons de rapport.*	
. . . de 1863 à 1875.		

MONUMENTS	HISTORIQUE	ARCHITECTES
THÉATRE DE L'OPÉRA-COMIQUE . . . . *Place de l'Opéra-Comique.*	Premier théâtre construit par . .	HEURTIER . . . .
	Second théâtre construit par . .	CHARPENTIER. . . . .
THÉATRE DE LA PORTE SAINT-MARTIN. . . . . *Boulevard Saint-Martin.*	Premier théâtre construit par. .	LENOIR (Nicolas) . . . . . .
	Second théâtre construit par. . .	DE LA CHARBONNIÈRE (O.-H.) . .
THÉATRE DE LA RENAISSANCE . . . . *Place de la Porte-Saint-Martin.*	Construit par	DE LALANDE (Charles). . . . . .
THÉATRE DES VARIÉTÉS . . . *Boulevard Montmartre.*	Construit par	CELLERIER (Jacques) et ALAVOINE.
THÉATRE DU VAUDEVILLE. . . *Boulevard des Capucines et rue de la Chaussée-d'Antin.*	Construit par	MAGNE (Auguste). . . . . . .
ARÈNES DE LUTÈCE. . . . . . *Rue de Navarre.*	Construites.	. . . .
CIRQUE DES CHAMPS-ÉLYSÉES. *Aux Champs-Élysées.*	Construit par	HITTORFF (Jacques-Ignace) . . .
CIRQUE D'HIVER . . . . *Boulevard des Filles-du-Calvaire.*	Construit par	HITTORFF (Jacques-Ignace) . . .
NOUVEAU CIRQUE. . . . . . . *Rue Saint-Honoré.*	Façade construite par.	GARNIER (Charles) . . . . . .
	Transformation de la salle du Panorama par.	SAUFFROY (Aimé) . . . .
PANORAMA DES CHAMPS-ÉLYSÉES . . . . *Aux Champs-Élysées.*	Construit par	DAVIOUD (Gabriel) . . . . . .
PANORAMA MARIGNY. . . . . *Aux Champs-Élysées.*	Construit par	GARNIER (Charles) . . . . . .
PANORAMA VALENTINO. . . . *Rue Saint-Honoré.*	Construit par.	GARNIER (Charles). . . . . . .

DATES	NOTES	OBSERVATIONS
. . . . de 1781 à 1783	*Incendié le 14 janvier 1838.*	
. . . . . de 1838 à 1840	*Incendié le 25 mai 1887.*	
. . . . en 1781	*Comme théâtre d'Opéra.* *Incendié en mai 1871.*	
. . . . en 1873	*La signature et la date s'y trouvent.*	
. . . . en 1872	*La signature et la date s'y trouvent.*	
. . . . en 1808		
. . . . de 1867 à 1869 . . .	*Troisième théâtre de ce nom. Le premier était rue de Chartres; le second place de la Bourse.*	
. . . . . au IIIᵉ siècle	*Découvertes en 1870.*	
. . . . de 1839 à 1840 . . .		
. . . . en 1852		
. . . . en 1879	*Pour le Panorama Valentino.*	
. . . . en 1885		
. . . . en 1858		
. . . . en 1885		
. . . . en 1879	*Voyez :* NOUVEAU CIRQUE.	

ÉDIFICES CIVILS

MONUMENTS	HISTORIQUE	ARCHITECTES
L'ENTREPOT (HALLE-AUX-VINS)	Construit par.	GAUCHÉ (François-Tranquille) . .
HALLE AUX BLÉS.	Construite par	LE CAMUS DE MÉZIÈRES . . . . .
	1re coupole construite par	LEGRAND et MOLINOS . . . . . .
	2e coupole construite par	BÉLANGER (François-Joseph) . . .
	Transformée en Bourse du commerce par	BLONDEL (Henri) . . . .
HALLES CENTRALES.	Construites par.	BALTARD (Victor) . . . .
MARCHÉ DES CARMES. . . .	Construit par.	VAUDOYER (Antoine). . . . . .
MARCHÉ SAINT-GERMAIN . . .	Construit par.	BLONDEL (J.-B.) et LUSSON. . . .
MARCHÉ DU TEMPLE	Construit par.	DE MÉRINDOL. . . . .

HALLES ET MARCHÉS

DATES	NOTES	OBSERVATIONS
. . . . de 1813 à 1819		
. . . . de 1763 à 1767	*Sur l'emplacement de l'ancien hôtel de Soissons.*	
. . . . en 1782		
. . . . en 1810		
. . . . de 1887 à		
. . . . de 1852 à 1859	*Sur l'emplacement des anciennes halles.*	
. . . . de 1813 à 1820	*Sur l'emplacement de l'ancien couvent des Carmes.*	
. . . . de 1813 à 1818	*Sur l'emplacement de la foire Saint-Germain.*	
. . . . de 1863 à 1865	*Sur l'emplacement d'une partie de la Commanderie et des Jardins du Temple.*	

ÉDIFICES CIVILS

MONUMENTS	HISTORIQUE	ARCHITECTES
GARE DE LYON.	Construite par	CENDRIER (François-Alexis). . . .
GARE DU MONTPARNASSE . .	Construite par	LENOIR (Victor-Benoît) . . . . .
GARE DU NORD.	Construite par	HITTORFF (Jacques-Ignace). . . .
GARE D'ORLÉANS.	Construite par	RENAUD (Louis). . . . .
GARE DU QUAI D'ORSAY . . . (OU DU CHAMP DE MARS)	Construite par	LISCH (Juste). . . . .
GARE DE STRASBOURG. . . .	Construite par	DUQUESNAY. . . . .
GARE SAINT-LAZARE	Construction des bâtiments du service de la traction, rue de Rome, par.	LISCH (Juste). . . . .
	Nouvelle gare par	. . . . id. . . . .
GARE DE SCEAUX.	Construite par	DULONG, ingénieur . . . .
GARE DE VINCENNES.	Construite par	BERTHELIN . . . .

CHEMINS DE FER

DATES	NOTES	OBSERVATIONS
. . . . de 1847 à 1852	(JULLIEN, *Ingénieur*).	
.. . . . de 1848 à 1852		
. . . . de 1861 à 1865	*Elle a remplacé la gare construite par Léonce* REYNAUD *en 1845.*	
. . . . de 1865 à 1869	*Elle a remplacé la gare construite par* CALLET *père et fils en 1833.*	
. . . . de 1877 à 1878		
. . . . de 1847 à 1850	(SERMET, *ingénieur*).	
. . . . de 1885 à 1886		
. . . . de 1886 à 1889	*Elle a remplacé la gare construite par* ARMAND, *architecte, de 1841 à 1843, augmentée avec* FLACHAT, *ingénieur, en 1852.*	
. . . . de 1845 à 1846		
. . . . de 1858 à 1859	(DE BASSOMPIERRE *et* GUILLAUME *ingénieurs.*)	

ÉDIFICES CIVILS

MONUMENTS	HISTORIQUE	ARCHITECTES ET INGÉNIEURS
PONT DE L'ALMA	Construit en pierre par	MICHAL, ingénieur-directeur . . .
		DE LA GALISSERIE, ingénieur en chef . . . .
		DARCEL, ingénieur . . . .
PONT DE L'ARCHEVÊCHÉ . . .	Construit en pierre.	. . . .
PONT D'ARCOLE.	Construit par.	OUDRY, ingénieur. . . . .
PONT DES ARTS	Commencé par	DE CESSART, ingénieur . . . . .
	Terminé par	DILLON, ingénieur. . . . .
PONT D'AUSTERLITZ	Construit par.	BECQUEY DE BEAUPRÉ , ingénieur en chef et LAMANDÉ, ingénieur.
	Reconstruction en pierre des arches, par.	MICHAL, ingénieur-directeur. . .
		DE LA GALISSERIE, ingénieur en chef. . . . .
		SAVARIN, ingénieur. . . . . . .
	Notable élargissement de ce pont.	BERNARD, ingénieur-inspecteur général, LAX, ingénieur en chef et GUIARD, ingénieur . . . . .
PONT DE BERCY	Construit en pierre, par.	FÉLINE-ROMANY, ingénieur en chef.
		SAVARIN, ingénieur . . . .
PONT-AU-CHANGE.	Premier pont en bois.	

PONTS

DATES	NOTES	OBSERVATIONS
. . . . de 1854 à 1856	*Décoré de quatre figures militaires par* DIÉBOLT *et* ARNAUD. *Se compose de trois arches.*	
. . . . en 1828	*Se compose de trois arches.*	
. . . . en 1854	*Pont métallique d'une seule arche, a remplacé une passerelle suspendue datant de 1828, construite par* DUVERGIER.	
. . . . en 1802 . . . . en 1804	*Culées et piles en pierre. Neuf arches en fonte. Pour les piétons seulement. Terminé sous la direction de l'ingénieur* DE- MOUTIER, *(suivant Lazare).*	
. . . . de 1802 à 1807	*Se composait de cinq arches en fonte de fer. Il avait été commencé, en 1799, par l'ingénieur* BRULLÉ.	
. . . . en 1854	*En utilisant les anciennes piles en pierre.*	
. . . . . de 1884 à 1886		
. . . . . de 1863 à 1864	*Remplaça un pont suspendu construit en 1832 par* BAYARD *et* VERGÈS. *Le pont actuel à cinq arches.*	
. . . . au Xe siècle	*Remplaçant le Grand Pont. Plusieurs ponts en bois emportés par les eaux. Le dernier fut incendié le 24 octobre 1621.*	

ÉDIFICES CIVILS

MONUMENTS	HISTORIQUE	ARCHITECTES ET INGÉNIEURS
PONT AU CHANGE *(suite)* . . .	Précédent pont en pierre, construit par.	Androuet du Cerceau (Jean), Laud (Denis) et Du Ry (Mathurin) . . . .
	Pont actuel, en pierre, par. . .	De La Galisserie, ingénieur en chef . . . .
		Féline-Romany, ingénieur en chef.
		Vaudrey, ingénieur. . . . . .
PONT DE LA CONCORDE . . .	Construit en pierre, par.	Perronet (J.-Rodolphe), ingénieur
PONT-AU-DOUBLE	Premier pont achevé	
	Deuxième pont construit	De La Galisserie, ingénieur.
	Pont-au-Double actuel, par . . .	Bernard ingénieur en chef et Lax, ingénieur. . . . . . .
PONT DE GRENELLE	Construit	
	Reprise des arches et du tablier. .	Vaudrey ingénieur en chef et Pesson, ingénieur. . . . . . .
PONT D'IÉNA	Construit en pierre, par	Lamandé, ingénieur en chef et Dillon, ingénieur . . . . . .
PONT DES INVALIDES.	Pont suspendu, construit par . .	Bayard et Vergès ingénieurs . .
	Pont en pierre, construit par . .	Michal, ingénieur-directeur . . .
		De la Galisserie, ingénieur en chef. . . . .
		Darcel, ingénieur . . . . . .

PONTS

DATES	NOTES	OBSERVATIONS
. . . . . de 1639 à 1647	*Démoli en 1858.*	
. . . . en 1859	*Se compose de trois arches.*	
. . . de 1787 à 1790	*D'abord pont Louis XVI, porta successivement les dénominations de la place où il débouche. Il fut décoré en 1829 de douze statues monumentales placées actuellement à Versailles.*	
. . . . en 1634	*Se composait de deux arches.*	
. . . . de 1847 à 1848	*D'une seule arche en meulière et ciment.*	
. . . . de 1881 à 1882	*Pont métallique d'une seule arche.*	
. . . . de 1825 à 1827	*Six arches en charpente.*	
. . . . en 1877	*Actuellement six arches en fonte.*	
. . . . de 1809 à 1813	*Porta le nom de pont des Invalides de 1815 à 1830. Se compose de cinq arches. Orné à ses deux extrémités de groupes équestres, par DEVAULX, FEUCHÈRES, DAUMAS et PRÉAULT*	
. . . . de 1827 à 1829	*Remplaça un pont suspendu construit par NAVIER, en 1826, et aussitôt démoli.*	
. . . . de 1854 à 1855 . .	*Se compose de quatre arches. Orné sur ses deux faces de figures de Victoire, par VILAIN et DIÉBOLT.*	

ÉDIFICES CIVILS

MONUMENTS	HISTORIQUE	ARCHITECTES ET INGÉNIEURS
PONT DES INVALIDES *(suite)*. .	Travaux de réparations.	. . . .
PONT LOUIS-PHILIPPE	Premier pont, construit par . .	JOLLOIS, ingénieur en chef. . . .
		SÉGUIN, BROTHERS et AMIONAY, entrepreneurs. . . . .
	Pont en pierre, actuel, par . . .	FÉLINE-ROMANY, ingénieur en chef.
		SAVARIN, ingénieur . . . .
PONT MARIE	L'entreprise de ce pont en pierre est commencée, par.	MARIE (Christophe), entrepreneur
	Continuation des travaux, par. .	CONTESSE (Ch.), et DELANOUE (J.), entrepreneurs. . . . .
	Deux arches rebâties, par. . . .	THÉVENOT (Pierre), entrepreneur.
PONT NATIONAL	Construit en pierre, par	COUCHE et PETIT, ingénieurs. . .
PONT-NEUF.	Commencé sur les plans et sous la direction de.	ANDROUET DU CERCEAU (Baptiste).
	Achevé par.	MARCHANT (Guillaume), et MÉTÉZÉAU (Thibaut). . . . . . .
	Réparation totale du pont. . . .	DE LA GALISSERIE, ingénieur . .
	Reprise en sous-œuvre d'une partie du pont sur le petit bras de la Seine.	CHOQUET, ingénieur en chef et GUIARD, ingénieur . . . . . .
PONT NOTRE-DAME.	Pont en bois.	
	Second pont en bois construit de	. . . .
	Construction d'un pont en pierre, par	GIOVANNI-GIOCONDO . . . . . .
	Réparations	

PONTS

DATES	NOTES	OBSERVATIONS
. . . . en 1879	. . . .	
. . . . en 1833	*Pont suspendu en fil de fer, à deux travées.*	
. . . . en 1862	*Se compose de trois arches.*	
. . . . en 1614	*Se compose de cinq arches.*	
. . . . en 1628	*Cette indication se trouve sous la première arche du côté de la rive droite.*	
. . . de 1668 à 1669	*Du côté de l'île Saint-Louis. Avaient été emportées par les eaux en 1658. De 1658 à 1668, elles avaient été provisoirement construites en bois.*	
. . . de 1852 à 1853	*Porta le nom de pont Napoléon jusqu'en 1870.*	
. . . . en 1578	*Pont en pierre de douze arches.*	
. . . de 1602 à 1604	*Suiv. Germain Brice.*	
. . . de 1843 à 1855	*Les mascarons attribués à Germain Pilon ont été recopiés.*	
. . . . en 1887		
. . . au xıvᵉ siècle	*Appelé la planche Mibray.*	
. . . de 1413 à 1421	*Appelé pont Notre-Dame. S'écroula en 1499.*	
. . . de 1499 à 1507	*Se composait de six arches.*	
. . en 1577 et en 1659	. . . .	

ÉDIFICES CIVILS

MONUMENTS	HISTORIQUE	ARCHITECTES ET INGÉNIEURS
PONT NOTRE-DAME *(Suite)* . .	Reconstruit presque en entier par	Michal, ingénieur-directeur . . .
		De La Galisserie, ingénieur en chef. . . . .
		Darcel, ingénieur . . . .
PONT DE PASSY. . . .	Construit par.	Huet, ingénieur en chef et Bartet, ingénieur . . . . . .
PETIT-PONT	Pont de bois. . .	
	Construit en pierre.	. . . .
	Emporté par les eaux et reconstruit.	
	Remplacé par suite de semblables accidents arrivés..	. . . .
	Nouveau pont en pierre, construit	. . . .
	Réparé.	
	Détruit par un incendie.	
	Nouveau pont construit par. . .	Beausire (Jean) . . . .
	Pont actuel en pierre, par . . .	Michal, ingénieur-directeur. . .
		De la Galisserie, ingénieur en chef. . . . .
		Darcel, ingénieur . . . . .
PONT-ROYAL	Construit en pierre, par	Romain (le père François) dominicain et Mansart (Jules-Hardouin). . . . .
PONT SAINT-LOUIS	Construit par.	Féline Romany, ingénieur en chef. . . . .
		Savarin, ingénieur. . . . .
PONT SAINT-MICHEL	Un pont en bois. . .	. . . .

PONTS

DATES	NOTES	OBSERVATIONS
. . . . en 1853	. . . .	
. . . de 1877 à 1878 . . .	Pont métallique.	
. . . . . au IVᵉ siècle		
. . . . en 1185	D'après les ordres de l'évêque Mau- rice de Sully.	
. . . . en 1196		
n 1280, 1296, 1325, 1376, 1394, 1407.		
. . . . de 1407 à 1409. . . .	Était le huitième pont construit au même endroit.	
. . . . en 1658	A la suite d'une inondation.	
. . . . en 1718 . . .		
. . . . en 1719 . . .	Démoli en 1851.	
. . . . de 1852 à 1853 . . .	Se compose d'une seule arche.	
. . . . de 1685 à 1689 . . .	Se compose de cinq arches.	
. . . . en 1862	Pont métallique d'une seule arche. Auparavant, une passerelle en fil de fer suspendue.	
. . . . . au XIIIᵉ siècle		

ÉDIFICES CIVILS

MONUMENTS	HISTORIQUE	ARCHITECTES ET INGÉNIEURS
PONT SAINT-MICHEL (Suite). .	Pont en pierre construit	. . . .
	Reconstruit en bois.	. . . .
	Pont en pierre construit	. . . .
	Pont actuel en pierre, par. . .	DE LA GALISSERIE, ingénieur en chef . . . .
		VAUDREY, ingénieur. . . . . . .
PONT DES SAINTS-PÈRES . . .	Construit par.	POLONCEAU, ingénieur. . . . . . .
PONT DE SOLFÉRINO	Construit par.	DE LA GALISSERIE, ingénieur en chef. . . . .
		SAVARIN, ingénieur. . . . .
		MARTIN (Georges), ingénieur de Fourchambault, (pour la partie métallique). . . . .
PONT SULLY	Construit par.	VAUDREY, ingénieur en chef et BROSSELIN, ingénieur. . . . .
PONT DE TOLBIAC	Construit par.	BERNARD, ingénieur en chef et PÉROUSE, ingénieur. . . . .
PONT DE LA TOURNELLE. . .	Établi d'abord en bois	MARIE, entrepreneur . . . . . .
	Reconstruit en bois.	. . . .
	Construit en pierre.	. . . .
	Élargissement du tablier du pont.	DE LA GALISSERIE, ingénieur . .
VIADUC DU POINT-DU-JOUR. .	Construit en pierre, par.	DE BASSOMPIERRE, ingénieur en chef et DE VILLIERS DU TERRAGE, ingénieur . . . .

PONTS

DATES	NOTES	OBSERVATIONS
. . . . en 1378 . . .	*Sur les ordres de Hugues Aubriot prévôt de Paris. Se nommait, le Pont-Neuf.*	
. . . . en 1408	*Ayant été emporté par les eaux.*	
. . . . en 1617	*Se composait de quatre arches ; fut démoli en 1857.*	
. . . . en 1857	*Se compose de trois arches.*	
. . . . en 1834	*Se compose de trois arches en fonte.* *Orné à chaque extrémité de deux figures assises par* PETITOT.	
. . . . de 1858 à 1859	*Se compose de trois arches en fonte.*	
. . . . de 1874 à 1876	*Se compose de quatre arches en fonte sur piles en pierre.*	
. . . . de 1879 à 1884		
. . . . en 1614	*Emporté par les eaux en 1637.*	
. . . . en 1637	*Emporté par les eaux en 1651.*	
. . . . en 1654	*Se compose de six arches.*	
. . . . de 1846 à 1847		
. . . . en 1866	*Le pont proprement dit se compose de cinq arches.*	

ÉDIFICES CIVILS

MONUMENTS	HISTORIQUE	ARCHITECTES
HOTEL-DIEU. . . . . *Place du Parvis-Notre-Dame.*	Construit par.	DIET (Arthur-Nicolas). . . . .
HOPITAL BEAUJON . . . . . *Rue du Faubourg-Saint-Honoré.*	Anciens bâtiments construits par	GIRARDIN. . . . .
HOPITAL DE LA CHARITÉ. . . *Rue Jacob.*	Ancien couvent des Frères de la Charité.	
	Nouveaux bâtiments et Porte par	ANTOINE (Jacques-Denis). . . . .
	Portail de l'ancienne chapelle par	ROBERT DE COTTE père et fils . .
	Changements opérés à ce portail	CLAVAREAU (Nicolas-Marie). . . .
HOPITAL COCHIN . . . . *Rue du Faubourg-Saint-Jacques.*	Construit par.	VIEL DE SAINT MAUX . . . . . .
HOPITAL D LARIBOISIÈRE. . *Rue Ambroise-Paré.*	Construit par.	GAUTHIER . . . .
HOPITAL DE LA PITIÉ. . . . . *Rue Lacépède.*	Fondé sous Louis XIII.	
	Bâtiments rue Geoffroy-Saint-Hilaire construits par.	VIEL DE SAINT-MAUX . . . . . .
HOPITAL SAINT-ANTOINE . . . *Rue du Faubourg-Saint-Antoine*	Ancien couvent Saint-Antoine . .	. . . .
	Nouveaux bâtiments construits par	LENOIR (Nicolas) . . . .
HOPITAL SAINT-LOUIS. . . . . *Rue Bichat.*	Plans généraux par.	CLAUDE DE CHASTILLON . . . . .
	Travaux dirigés par	VELLEFAUX (Claude). . . . . . .
HOPITAL TENON . . . . *Rue de la Chine.*	Construit par.	BILLON. . . . .
HOSPICE DE LA SALPÊTRIÈRE *Boulevard de l'Hôpital.*	Anciens bâtiments construits par.	BRUAND (Libéral) . . . .
	Nouveaux bâtiments construits par	HUVÉ (J.-J.-Marie) . . . . . .
HOSPICE DES INCURABLES . . *Rue de Sèvres.*	Bâtiments construits par	DUBOIS (Pierre) . . . .
	Église construite par	GAMARE (Christophe) . . . . . .
ASILE SAINTE-ANNE. . . . . . *Rue de la Santé.*	Construit par	QUESTEL (Charles-Auguste). . . .
CLINIQUE DE L'ÉCOLE DE MÉDECINE . . . . *Rue de l'Ecole-de-Medecine.*	Construite par	DE GISORS (Alexandre) . . . . .
	Reconstruite par	GINAIN (Léon) . . . .

HOPITAUX ET HOSPICES

DATES	NOTES	OBSERVATIONS
. . . de 1868 à 1878		
. . . . en 1784		
. . . . en 1776		
. . . de 1732 à 1734		
. . . . en 1803	*Aujourd'hui : entrée de l'Académie de Médecine.*	
. . . . en 1780		
. . . . en 1846		
. . . . en 1612		
. . . . . de 1785 à 1791		
. . . .	*Fondé en 1198.*	
. . . . en 1770	*Convertis en hôpital en 1795.*	
. . . . vers 1607 . . .		
. . . . en 1607	*Pose de la première pierre, le 13 juillet 1607.*	
. . . . de 1872 à 1878 . . .		
. . . . vers 1660		
. . . . en 1817		
. . . . . . vers 1636		
. . . .		
. . . . de 1861 à 1876		
. . . . de 1838 à 1843	*Démolie en 1878.*	
. . . . de 1878 à 1888		

ÉDIFICES MILITAIRES

MONUMENTS	HISTORIQUE	ARCHITECTES
CASERNE DE LA CITÉ. . . . . *Place du Parvis-Notre-Dame.*	Construite par.	CALLIAT (Pierre-Victor). . . .
CASERNE DE L'ÉTAT-MAJOR DES SAPEURS-POMPIERS . . *Boulevard du Palais.*	Construite par.	CALLIAT (Pierre-Victor). . . .
CASERNE NAPOLÉON . . . . . *Rue Lobau et rue de Rivoli.*	Construite par	GUILLEMAUT, capitaine du génie .
CASERNE LOBAU . . . . . . *Rue Lobau.*	Construite par.	JANVIER (Louis-Ildefonce). . Id. .
CASERNE DU PRINCE-EUGÈNE. *Place de la République.*	Construite par	LEGROM, commandant du génie.
CASERNE DE LA BANQUE OU DES PETITS-PÈRES . . . . . *Rue de la Banque.*	Plans et commencement de construction par	LELONG (Paul). . . . .
	Achèvement des travaux par. . .	GRISART (Jean-Louis-Victor) . . .
CASERNE DE SAPEURS-POMPIERS. . . . . *Boulevard de Port-Royal.*	Construite par	HÉNARD (Antoine-Julien) . . . .
ÉCOLE MILITAIRE. . . . . . *Place de Fontenay et avenue de La Motte-Piquet.*	Construite par	GABRIEL (Jacques-Ange). . . . .
HOPITAL MILITAIRE DU VAL-DE-GRACE. . . . . *Rue Saint-Jacques.*	Ancienne abbaye du Val-de-Grâce	. . . .
	Bâtiments construits par.	LE MUET (Pierre) et LE DUC (Gabriel) . . . .
	Devient un hôpital militaire . . .	. . . .
	Nouveaux bâtiments construits. .	. . . .

CASERNES, ETC.

DATES	NOTES	OBSERVATIONS
. . . de 1860 à 1865	*Aujourd'hui Préfecture de police.*	
. . . . en 1862		
. . . de 1852 à 1854		
. . . . de 1856 à 1861		
. . . de 1857 à 1858		
. . . . en 1846		
. . . . de 1846 à 1850		
. . . . de 1884 à 1887		
. . . . à partir de 1751		
. . . .	*Voyez : Église du Val-de-Grâce.*	
. . . de 1655 à 1665		
. . . . en 1814		
. . . . en 1838		

ÉDIFICES RELIGIEUX

MONUMENTS	HISTORIQUE	ARCHITECTES
NOTRE-DAME DE PARIS. . . . *Place du Parvis-Notre-Dame.*	Pose de la première pierre (sous Maurice de Sully).	
	Construction du grand portail (sous Pierre de Nemours). . .	
	Construction du portail sud (sous Regnault de Corbeil) par . . .	JEHAN DE CHELLES. . . . . . .
	Construction du portail nord. . .	
	Construction des chapelles de la nef et du chœur	
	Clôture du chœur, œuvre de . . Clôture achevée par.	RAVY (Jean) . . . . LE BOUTEILLIER (Jean) . . . .
	Démolition d'une partie de la clôture du chœur.	
	Démolition du trumeau de la porte centrale	SOUFFLOT. . . . .
	Mutilation de la façade principale	PARVY. . . . .
	Restaurations par	LASSUS et VIOLLET-LE-DUC. . . .
	Construction de la sacristie, par.	. . . . . . Id. . . . . . .
	Suite des restaurations : grande flèche, maître-autel et décorations des chapelles par	VIOLLET-LE-DUC. . . . .
ÉGLISE DE L'ASSOMPTION. . . *Rue Saint-Honoré.*	Construite par.	ERRARD (Charles). . . . . . .
ÉGLISE DES BILLETTES. . . . *Rue des Billettes.*	Construite sur les plans de. . .	Frère CLAUDE, dominicain. . . .

ÉGLISES

DATES	NOTES	OBSERVATIONS
. . . . en 1163	.	
. . . . de 1208 à 1223		
. . . . en 1257	*Une inscription en fait foi.*	
. . . vers 1312 ou 1313	*Suivant Lassus et Viollet-le-Duc.*	
Fin du XIII⁰ s⁰ et com¹ du XIV⁰.	*Quelques-unes fondées en 1324.*	
. . . . en 1351		
. . . . en 1699	*Pour l'exécution des travaux du « Vœu de Louis XIII ».*	
. . . . en 1771		
. . . . en 1787		
. . . . de 1845 à 1856		
. . . . Id.		
. . . . de 1856 à 1874		
. . . . de 1670 à 1676	*Chapelle de l'ancien couvent.*	
. . . . en 1754	*Aujourd'hui temple protestant.*	

MONUMENTS	HISTORIQUE	ARCHITECTES
ÉGLISE DE LA MADELEINE . . *Place de la Madeleine.*	Fondations de la précédente église et premiers plans, par	CONTANT D'IVRY (Pierre). . . .
	Continuation des travaux, par. .	COUTURE (Guillaume-Marie) . . .
	Temple de la Gloire, construit par	VIGNON (Pierre-Alexandre). . . .
	Transformation du temple de la Gloire en église.	. . . . Id. . . . . . .
	Achèvement des travaux, par . .	HUVÉ (J.-Jacques-Marie). . . .
ÉGLISE N.-D.-D'AUTEUIL. . . . *Place d'Auteuil.*	Construite par	VAUDREMER (Joseph-Aug^{te}-Émile).
ÉGLISE N.-D.-DES-BATIGNOLLES. *Rue Legendre.*	Construite par	MOLINOS fils . . . .
ÉGL^{se} N.-D.-DES-BL.-MANTEAUX *Rue des Blancs-Manteaux.*	Construite	. . . .
ÉGL^{se} N.-D.-DE-BONNE-NOUVELLE *Rue de la Lune.*	Construite par	GODDE (Étienne-Hippolyte). . . .
ÉGLISE N.-D.-DES-CHAMPS . . *Boulevard Montparnasse.*	Construite par	GINAIN (Paul-René-Léon) . . . .
ÉGLISE N.-D.-DE-CLIGNANCOURT. *Place Sainte-Euphrasie.*	Construite par	LEQUEUX (Paul-Eugène) . . . . .
ÉGLISE N.-D.-DE-LA-CROIX . . *Rue Julien-Lacroix.*	Construite par	HÉRET (Louis-Jean-Antoine) . . .
ÉGLISE N.-D.-DE-LORETTE. . . *Rue de Châteaudun.*	Construite par.	LEBAS (Louis-Hippolyte). . . . .
ÉGLISE DE L'ORATOIRE. . . . *Rue Saint-Honoré.*	Plan général et construction du chœur par	LEMERCIER (Jacques) . . . . . .
	Construction de la nef par . . .	MÉTÉZEAU (Jacques-Clément II) .
	Portail construit par	CAQUÉ (Pierre) . . . .
ÉGLISE DES PETITS-PÈRES ou de N.-D.-DES-VICTOIRES. . . *Place des Petits-Pères.*	Plan et premiers travaux, par. .	GALOPIN . . . .

DATES	NOTES	OBSERVATIONS
. . . . en 1764	*Remplaçant la petite église de la Madeleine de la Ville-l'Évêque.*	
. . . de 1777 à 1790	*Toutes les premières assises de cette église furent rasées en 1807*	
. . . de 1807 à 1816	*Sur l'emplacement de l'église.*	
. . . de 1816 à 1828		
. . . de 1828 à 1842	*Le fronton est du sculpteur LE-MAIRE (Philippe-Joseph-Henri).*	
. . . de 1877 à 1880		
. . . . en 1828		
. . . . . . vers 1685	*Le portail des Barnabites, construit par CARTAUD en 1703, y fut ajouté en 1863.*	
. . . de 1823 à 1830		
. . . de 1867 à 1876		
. . . de 1859 à 1863		
. . . de 1863 à 1874		
. . . de 1823 à 1836		
. . . . en 1621	*Dépendait du couvent des Pères de l'Oratoire. Aujourd'hui temple protestant.*	
. . . de 1624 à 1627		
. . . . en 1745		
. . . . en 1629	*Dépendait du couvent des Petits-Pères (Augustins déchaussés).*	

MONUMENTS	HISTORIQUE	ARCHITECTES
ÉGLISE des PETITS-PÈRES(*Suite*	Reprise des travaux par	LE MUET (Pierre) et BRUAND (Libéral). . . . .
	Construction du portail et achèvement par	CARTAUD (Jean-Sylvain). . . . .
ÉGLISE DE LA SORBONNE. . . *Place de la Sorbonne.*	Construite par	LEMERCIER (Jacques). . . . . .
	Restaurations par.	LHEUREUX (Louis-Ernest) . . . .
ÉGLISE DE LA TRINITÉ . . . . *Square de la Trinité.*	Construite par	BALLU (Théodore). . . . . . .
ÉGLISE DU VAL-DE-GRACE . . *Rue Saint-Jacques.*	Plan général et commencement d'exécution par.	MANSART (François). . . . . . .
	La grande nef et la chapelle du Saint Sacrement par.	LEMERCIER (Jacques) . . . . . .
	Reprise des travaux par	LE MUET (Pierre). . . . . . .
	Achèvement des travaux par . .	LE DUC (Gabriel) . . . .
ÉGLISE DE LA VISITATION ou SAINTE-MARIE. . . . . *Rue Saint-Antoine.*	Construite par	MANSART (François). . . . . .
ÉGLISE SAINT-AMBROISE. . . . *Boulevard Voltaire.*	Construite par	BALLU (Théodore). . . . . .
ÉGLISE SAINT-AUGUSTIN . . . *Boulevard Malesherbes.*	Construite par	BALTARD (Victor) . . . .
ÉGLISE SAINT-BERNARD. . . . (DE LA CHAPELLE) *Rue Affre.*	Construite par	MAGNE (Auguste-Joseph). . . . .
ÉGLISE SAINT-DENIS-DU-SAINT-SACREMENT. . . . . *Rue de Turenne.*	Construite par	GODDE (Étienne-Hippolyte). . . .
ÉGLISE St-ÉTIENNE-DU-MONT. *Place du Panthéon.*	Fondée.	. . . .
	Construction et décoration du Jubé par	BIARD (Pierre) . . . .
	Construction de la façade	. . . .
	Restauration de la façade par. .	BALTARD (Victor) . . . .
ÉGLISE SAINT-EUGÈNE. . . . . *Rue Sainte-Cécile.*	Construite par	BOILEAU (Louis-Auguste). . . . .

DATES	NOTES	OBSERVATIONS
. . . . en 1656	*Sur de nouveaux plans.*	
. . . . en 1740		
. . . . de 1635 à 1653		
. . . . de 1871 à 1875		
. . . . . de 1863 à 1867		
. . . . en 1645		
. . . . de 1646 à 1651		
. . . . en 1654		
. . . . de 1658 à 1665		
. . . . . de 1632 à 1634. . . .	*Dépendait du couvent des filles de la Visitation-Sainte-Marie. Aujourd'hui temple protestant.*	
. . . . . de 1863 à 1869. . . .		
. . . . . de 1860 à 1871. . . .		
. . . . . de 1858 à 1861. . . .		
. . . . . de 1823 à 1835. . . .		
. . . . en 1538		
. . . . de 1600 à 1609	BIARD *était aussi sculpteur et graveur.*	
. . . . en 1610. . . .		
. . . . de 1861 à 1868		
. . . . en 1854. . . .		

MONUMENTS	HISTORIQUE	ARCHITECTES
ÉGLISE SAINT-EUSTACHE . . . *Rue du Jour et rue de Rambuteau.*	Commencée par.	DOMINIQUE DE CORTONE (le Boccador)
	Terminée par.	DAVID (Charles). . . . .
	Nouvelle façade par.	MANSART DE JOUY et MOREAU (Pierre-Louis). . . . .
ÉGLISE St-FRANÇOIS-XAVIER. . *Boulevard des Invalides*	Commencée par.	LUSSON (Louis-Adrien). . . . .
	Achevée par	UCHARD (Toussaint-François-Joseph) . . . .
ÉGLISE SAINT-FERDINAND. . . *Avenue des Ternes.*	Construite par	LEQUEUX (Paul-Eugène) . . . .
ÉGLISE SAINT-GERMAIN-L'AU-XERROIS . . . . *Place du Louvre.*	Construction commencée. . . .	. . . .
	Porche d'entrée construit par. .	GAUSSEL (Jean). . . . .
	Construction du Jubé par. . .	LESCOT (Pierre). . . . .
	Travaux exécutés par.	DORBAY (François) . . . . . .
	Destruction du Jubé par . . .	BACCARIT . . . .
	Construction du presbytère par .	HITTORFF (Jacques-Ignace). . .
ÉGLISE St-GERMAIN-DES-PRÉS *Place Saint-Germain-des-Prés.*	Premières fondations	. . . .
	Le chœur et l'abside furent achevés	. . . .
	Construction du portail latéral par	GAMARE . . . .
	Les travaux de restauration furent commencés.	. . . .
ÉGLISE St-GERVAIS-St-PROTAIS *Place Saint-Gervais.*	Construction commencée. . . .	. . . .
	Construction du portail par . . .	DE BROSSE (Salomon) . . . . .
ÉGLISE SAINT-JACQUES-LA-BOUCHERIE (TOUR de l'). . . *Square Saint-Jacques.*	Construite	. . . .
	Restaurée par	BALLU (Théodore). . . . . . .

DATES	NOTES	OBSERVATIONS
. . . . .en 1530. . . .		
. . . . .en 1642. . . .		
. . . . . de 1754 à 1788. . . .		
. . . . .en 1861. . . .		
. . . . . de 1864 à 1874. . . .		
. . . . . de 1844 à 1847. . . .		
. . . . vers 1423		
. . . . . de 1431 à 1439		
. . . . . de 1541 à 1544		
. . . . vers 1660		
. . . . en 1744		
. . . . . de 1857 à 1861		
. . . . vers 990		
. . . . en 1163		
. . . entre 1626 et 1643		
. . . . en 1845 . . .		
. . . . fin du XVᵉ siècle		
. . . . . de 1616 à 1621		
. . . . . de 1508 à 1522	*L'église démolie en 1796 avait été bâtie vers 1340.*	
. . . . . .de 1853 à 1856		

MONUMENTS	HISTORIQUE	ARCHITECTES
ÉGLISE SAINT-JACQUES-DU-HAUT-PAS. . . . . *Rue Saint-Jacques.*	Pose de la 1ʳᵉ pierre	. . . .
	Construction de la nef et de la façade par.	GITTARD (Daniel). . . . . . .
ÉGLISE SAINT-JACQUES ET SAINT-CHRISTOPHE. . . . . *Place de Bitche.*	Construite par	LEQUEUX (Paul-Eugène). . . . .
ÉGLISE SAINT-JEAN-BAPTISTE (DE BELLEVILLE). *Rue de Belleville.*	Construite par	LASSUS (J.-B.-Antoine) . . . . .
ÉGLISE St-JEAN-St-FRANÇOIS. *Rue du Perche.*	Construite	
	Porche construit par	BALTARD (Victor). . . . . . .
ÉGLISE-St-JOSEPH-DES-CARMES *Rue de Vaugirard.*	Construite.	
ÉGLISE SAINT-JOSEPH . . . . *Rue Saint-Maur.*	Construite par	BALLU (Théodore). . . .
ÉGLISE St-JULIEN-LE-PAUVRE. *Rue Saint-Julien-le-Pauvre.*	Construite	
ÉGLISE SAINT-LAURENT . . . *Boulevard de Strasbourg.*	Érigé en paroisse.	
	Terminée pour l'abside et le chœur.	. . . .
	Réparations successives et construction de la nef et du transept.	. . . .
	Construction de la façade occidentale.	
	Nouvelle façade et réparations importantes par	CONSTANT-DUFEUX. . . . . .
ÉGLISE St-LEU-St-GILLES . . . *Rue Saint-Denis.*	De l'ancienne abbaye de Saint-Magloire.	
	Construction de la nef	
	Abside remaniée	
	Reconstruction entière de l'abside et façade sur le boulevard Sébastopol par	BALTARD (Victor). . . . . . .

DATES	NOTES	OBSERVATIONS
. . . . en 1630		
. . . . en 1675		
. . . . . de 1841 à 1844		
. . . . . de 1854 à 1859		
. . . . vers 1622	*Ancienne chapelle des Capucins.*	
. . . . en 1855		
. . . . . de 1613 à 1625	*Ancienne chapelle des Carmes dé-chaussés.*	
. . . . de 1867 à 1875		
. . . . vers 1150		
. . . . en 1280		
. . . . vers 1429		
. . . . de 1548 à 1595		
. . . . en 1622		
. . . . de 1865 à 1867		
. . . .		
. . . . en 1319	*Suivant l'abbé Lebeuf.*	
. . . . en 1611		
. . . . de 1857 à 1860		

MONUMENTS	HISTORIQUE	ARCHITECTES
ÉGLISE SAINT-LOUIS-D'ANTIN. *Rue Caumartin.*	Construite par	Brongniart (Alexandre-Théodore)
ÉGLISE SAINT-LOUIS-DES-IN-VALIDES . . . . *Hôtel des Invalides.*	Construction commencée par . .	Bruand (Libéral) . . . .
	Église dite le Dôme des Invalides, ajoutée à l'Église précédente	Mansart (Jules-Hardouin) . . .
	Terminée	. . . .
ÉGLISE SAINT-LOUIS-EN-L'ILE. *Rue Saint-Louis-en-l'Ile.*	Construction commencée par . .	Levau (Louis) . . . .
	Continuation des travaux par . .	Le Duc (Gabriel) . . . .
	Achèvement des travaux par . .	Doucet (Jacques) . . . .
ÉGLISE SAINT-MÉDARD . . . . *Rue Mouffetard.*	Construction de la nef	. . . .
	Construction du chœur	. . . .
	Les piliers du chœur transformés par	Petit-Radel . . . .
ÉGLISE SAINT-MERRY . . . . . *Rue Saint-Martin.*	Commencée	. . . .
	Terminée	. . . .
ÉGLISE SAINT-NICOLAS-DES-CHAMPS. . . . . *Rue Saint-Martin.*	Commencement de la construction	. . . .
	Agrandissements importants. . .	. . . .
ÉGLISE SAINT-NICOLAS-DU-CHARDONNET . . . . *Rue des Bernardins.*	Construction dirigée par	Lebrun (Charles) premier peintre du Roi. . . . .
	Achèvement de l'église (sauf la façade).	. . . .
ÉGLISE S\^t-PAUL-S\^t-LOUIS . . . *Rue Saint-Antoine.*	Construite par	Le R. P. François Derand. . . .

DATES	NOTES	OBSERVATIONS
. . . . de 1781 à 1783		
. . . . en 1670		
. . . . en 1675		
. . . . en 1735		
. . . . en 1664		
. . . .		
. . . . en 1726	*Moins la façade principale qui n'est pas encore construite.*	
. . . . . au XVᵉ siècle		
. . . . en 1586		
. . . . en 1784		
. . . . vers 1520		
. . . . vers 1612		
. . . . vers 1184		
. . . . en 1560		
. . . . en 1656		
. . . . en 1709 . . .	*La façade est encore à construire.*	
. . . . de 1627 à 1641	*Dépendait de la maison professe des Jésuites.*	

MONUMENTS	HISTORIQUE	ARCHITECTES
ÉGLISE SAINT - PHILIPPE - DU - ROULE . . . . *Rue du Faubourg-Saint-Honoré.*	Construite par	CHALGRIN (Jean-François-Thérèse)
	Construction de la chapelle de la Vierge et du pourtour du chœur	GODDE (Étienne-Hippolyte). . . .
ÉGLISE SAINT-PIERRE. . . . . (DE CHAILLOT). *Rue de Chaillot.*	Reconstruite	. . . .
ÉGLISE SAINT-PIERRE. . . . . (DE MONTMARTRE). *Rue du Mont-Cenis.*	Construite	
ÉGLISE SAINT-PIERRE. . . . . (DE MONTROUGE). *Avenue du Maine et avenue d'Orléans.*	Construite par	VAUDREMER (Joseph-Aug.-Émile) .
ÉGLISE SAINT-PIERRE. . . . . (DU GROS-CAILLOU). *Rue Saint-Dominique.*	Construite par	GODDE (Etienne-Hippolyte). . . .
ÉGLISE SAINT-ROCH. . . . . . *Rue Saint-Honoré.*	Construction par	LEMERCIER (Jacques). . . . . . .
	Continuée par	DE COTTE (Robert) . . . .
	Construction du portail par. . .	Robert DE COTTE (Jules) le fils. .
	L'église fut achevée par.	. . . . Id. . . . .
	Construction de la chapelle de la Vierge et de celle de la Communion	Probablement DE COTTE (Robert).
	Construction de la chapelle du calvaire ou du cathéchisme par	BOULLÉE (Étienne-Louis) . . . .
ÉGLISE SAINT-SÉVERIN. . . . *Rue des Prêtres-Saint-Séverin.*	Pose de la première pierre. . . .	. . . .
	La construction était fort avancée.	. . . .
	Adjonctions du portail de Saint-Pierre-aux-Bœufs.	. . . .

DATES	NOTES	OBSERVATIONS
. . . . de 1769 à 1784		
. . . . en 1845		
. . . . vers 1650		
. . . . de 1133 à 1147		
. . . . de 1864 à 1872 . . .		
. . . . de 1823		
. . . . de 1653 à 1654 . . .		
. . . . en 1736	*D'après les dessins de* ROBERT DE COTTE *père.* .	
. . . . en 1740 . . .		
. . . . en 1709		
. . . . vers 1768		
. . . . en 1489		
. . . . en 1495		
. . . . en 1839	*Sur la façade occidentale.*	

MONUMENTS	HISTORIQUE	ARCHITECTES
ÉGLISE SAINT-SULPICE . . . . *Place Saint-Sulpice.*	Premiers plans dessinés par . . .	GAMARE (Christophe) . . . . . .
	Premières constructions sur plans nouveaux par	LEVAU (Louis) . . . .
	Continuation des travaux par . . .	GITTARD (Daniel) . . . .
	Construction du chœur et des bas-côtés.	. . . . Id . . . . .
	Construction du bras gauche de la croix.	. . . . Id . . . . .
	Les travaux sont suspendus . . .	
	Reprise des travaux par.	OPPENORDT (Gilles-Marie) . . .
	Toute l'église est terminée, sauf la façade, par.	. . . . Id . . . . . .
	Portail mis au concours. Premier prix remporté par	SERVANDONI (Jean-Nicolas). . . .
	Commencement de la construction du portail par	. . . . Id . . . , . .
	Le portail terminé (sauf les tours)	. . . . Id . . . . .
	Construction de la tour de droite	SERVANDONI et MACLAURIN. . . .
	Construction de la tour de gauche par	CHALGRIN (Jean-François-Thérèse)
ÉGLISE St-THOMAS-D'AQUIN. . *Place Saint-Thomas-d'Aquin.*	Construction commencée par. . .	BULLET (Pierre). . . . .
	Construction du portail par . . .	Le frère CLAUDE, dominicain. . .
ÉGLISE St-VINCENT-DE-PAUL . *Place de Lafayette.*	Construction commencée par. . .	LEPÈRE (Jean-Baptiste) . . . .
	Achèvement de la construction par	HITTORFF (Jacques-Ignace). . .

DATES	NOTES	OBSERVATIONS
. . . . . . en 1646		
. . . . de 1655 à 1670		
. . . . en 1670		
. . . . de 1670 à 1672		
. . . . de 1672 à 1675		
. . . . en 1675		
. . . . en 1719		
. . . . en 1733		
. . . . en 1732		
. . . . en 1733		
. . . . en 1745		
. . . . en 1749		
. . . . en 1777 . . .		
. . . . en 1682	*Dépendait du couvent du noviciat général des Dominicains réformés.*	
. . . . en 1770		
. . . . en 1824		
. . . . de 1831 à 1844		

MONUMENTS	HISTORIQUE	ARCHITECTES
ÉGLISE SAINTE-CLOTILDE. . . *Place Bellechasse.*	Construction commencée par. . .	GAU (François-Christian). . . . .
	Achèvement de la construction par	BALLU (Théodore). . . . .
ÉGLISE SAINTE-ÉLISABETH . . *Rue du Temple.*	Construite	. . . .
ÉGLISE SAINTE-GENEVIÈVE . . *(ou* PANTHÉON*).* *Place du Panthéon.*	Plans et premiers travaux par. .	SOUFFLOT (Jaques-Germain) . . .
	Pose de la première pierre . . .	. . . .
	Construction jusqu'à la naissance du dôme, conduite par	SOUFFLOT (Jacques-Germain) . .
	Travaux de consolidation pour la construction du dôme, par. . .	RONDELET (Jean-Baptiste) . . . .
	Mort de Soufflot	. . . .
	Travaux repris par	BRÉBION et RONDELET. . . . . .
	Transformée en Panthéon. . . .	. . . .
	Redevient église Sainte-Geneviève	. . . .
	Achèvement des travaux par . .	RONDELET (Jean-Baptiste) . . . .
	Rétablissement du Panthéon. . .	. . . .
	Redevient église Sainte-Geneviève	. . . .
	Travaux d'aménagement intérieur par	CONSTANT-DUFEUX. . . . .
	Dernier rétablissement du Pan- théon	. . . .

DATES	NOTES	OBSERVATIONS
. . . . de 1846 à 1853		
. . . . de 1853 à 1856		
. . . . de 1628 à 1646		
. . . . en 1757		
. . . . en 1764		
. . . de 1764 à 1770	*Le premier fronton était du sculpteur* Guillaume COUSTOU, *le jeune.*	
. . . . de 1770 à 1780		
. . . . .1780		
. . . . de 1780 à 1794		
. . . . en 1791	*Un autre fronton, du sculpteur* MOITTE, *remplaça le précédent, en 1792. Il fut détruit en 1810 et remplacé par une croix du dessin de* BALTARD *père.*	
. . . . en 1806		
. . . . de 1806 à 1812		
. . . . en 1830	*Fronton actuel sculpté par* DAVID D'ANGERS *de 1831 à 1837.*	
. . . . en 1851		
. . . . en 1852		
. . . . en 1885	*Décret du 26 mai 1885 à l'occasion des funérailles de Victor Hugo.*	

EDIFICES RELIGIEUX

MONUMENTS	HISTORIQUE	ARCHITECTES
LA SAINTE-CHAPELLE. . . . . *Au Palais de Justice.*	Construite par	Pierre de Montreuil. . . . .
	Travaux exécutés par.	Rousset (Pierre-Noël). . . . .
	Travaux de restauration par. . .	Duban et Lassus . . . .
	Suite des travaux de restauration	Lassus (J.-B.-Antoine) . . . . .
	Construction de la flèche et tra-vaux pour l'isolement de l'édifice	. . . . Id. . . . .
	Derniers travaux de restauration	Boeswilwald (Emile) . . . . . .
CHAPELLE DE LA MAISON DES ORFÈVRES. . . . . *Rue des Orfèvres.*	Construite probablement par . .	Philibert Delorme. . . . . .
CHAPELLE DE L'ABBAYE DE PANTHÉMONT. . . . . . . *Rue de Grenelle.*	Construite par	Contant d'Ivry (Pierre). . . . .
CHAPELLE DE L'HOSPICE DE LA SALPÊTRIÈRE. . . . . . *Construite par*	Bruand (Libéral).	

CHAPELLES

DATES	NOTES	OBSERVATIONS
. . . . de 1245 à 1248		
. . . . en 1756		
. . . . de 1840 à 1849		
. . . . de 1849 à 1857		
. . . . Id.		
. . . . de 1857 à 1888	Porte et dallage de la chapelle haute. Restauration de la chapelle basse.	
. . . . . . vers 1550	La façade très détériorée subsiste.	
. . . . . . en 1755	Aujourd'hui temple protestant.	
. . . . en 1656		

ÉDIFICES RELIGIEUX

MONUMENT	HISTORIQUE	ARCHITECTES
TEMPLE DE L'ORATOIRE DU LOUVRE. . . . . *Rue Saint-Honoré.*	Plan général et construction du chœur par.	LEMERCIER (Jacques) . . . . . .
	Construction de la nef	MÉTÉZEAU (Jacques-Clément II). .
	Portail construit par	CAQUÉ (Pierre) . . . .
TEMPLE DE PANTHÉMONT. . . *Rue de Grenelle.*	Construit par.	CONTANT D'IVRY (Pierre) . . . .
TEMPLE DE LA RÉDEMPTION. *Rue des Billettes.*	Ancienne église des Billettes par.	Frère CLAUDE, dominicain . . . .
TEMPLE DE LA RÉSURRECTION *Rue Julien-Lacroix.*	Construit par.	VAUDREMER (Émile). . . . . . .
TEMPLE DE LA RÉSURRECTION *Rue Quinault.*	Construit par.	GODEBŒUF (Eugène). . . . . . .
TEMPLE DU SAINT-ESPRIT. . *Rue Roquépine.*	Construit par.	BALLU (Théodore). . . . .
TEMPLE SAINTE-MARIE. . . . *Rue Saint-Antoine.*	Construit par	MANSART (François). . . . . . .
	Restaurations et adjonction d'une sacristie, par.	VARCOLLIER(Marcellin-Emmanuel)
SYNAGOGUE DE LA RUE DES TOURNELLES . . . . *Rue des Tournelles.*	Construite par.	VARCOLLIER (Marcellin-Emmanuel)
SYNAGOGUE DE LA RUE DE LA VICTOIRE . . . . *Rue de la Victoire.*	Construite par	ALDROPHE (Albert-Philibert) . . .
ÉGLISE GRECQUE OU RUSSE. *Rue Daru.*	Plans dessinés par	KOUZMINE, architecte russe. . . .
	Construction par	STROHM, architecte russe . . . .

TEMPLES ET SYNAGOGUES

DATES	NOTES	OBSERVATIONS
. . . . en 1621	*Autrefois, Église de l'Oratoire.*	
. . . . de 1624 à 1627		
. . . . en 1745		
. . . . en 1755	*Autrefois, Chapelle de l'abbaye de Panthémont.*	
. . . . en 1754		
. . . . de 1877 à 1880		
. . . . de 1868 à 1871	*. . .Confession d'Augsbourg. . .*	
. . . . de 1862 à 1855		
. . . . de 1632 à 1634	*Autrefois, Église de la Visitation-Sainte-Marie.*	
. . . . . de 1872 à 1874. . . .	*Sculptures du fronton, par* HIOLLE.	
. . . . de 1867 à 1875		
. . . . de 1865 à 1874		
. . . .		
. . . . en 1855		

MONUMENTS DÉCORATIFS

MONUMENTS	HISTORIQUE	ARCHITECTES
ARC DU CARROUSEL	Construit par.	PERCIER et FONTAINE . . . . . .
ARC DE L'ÉTOILE.	Premières constructions par. . .	CHALGRIN et RAYMOND. . . . . .
	Suite des constructions par. . .	CHALGRIN (Jean-François-Thérèse).
	Suite des constructions par. . .	GOUST . . . .
	Reprise des travaux par.	GOUST et HUYOT . . . .
	Suite des constructions par . . .	HUYOT (Jean Nicolas) . . . . . .
	Achèvement de l'édifice par . . .	BLOUET (Abel) . . . .
PORTE SAINT-DENIS	Plans dessinés par	BLONDEL (François). . . . . . .
	Construction par.	BULLET (Pierre). . . . .
PORTE SAINT-MARTIN.	Construction par.	BULLET (Pierre). . . . .

ARCS DE TRIOMPHE, PORTES MONUMENTALES

DATES	NOTES	OBSERVATIONS
. . . . de 1806 à 1808	*Le quadrige de couronnement est du sculpteur* Bosio.	
. . . . de 1806 à 1808	*Quatre grands hauts reliefs : le Départ, par* Rude ; *le Couronnement, par* Cortot ; *la Paix, la Guerre, par* Etex.	
. . . . de 1808 à 1811		
. . . . de 1811 à 1813		
. . . . de 1823 à 1829		
. . . . de 1829 à 1832		
. . . . de 1832 à 1836		
. . . . en 1671	*Les sculptures furent commencées par* Girardon *et achevées par* Michel Anguier.	
. . . . en 1672		
. . . . en 1674 . . .	*Bas-reliefs sculptés par* Desjardins, Marsy, Le Hongre *et* Legros.	

MONUMENTS DÉCORATIFS

MONUMENTS	HISTORIQUE	ARCHITECTES
COLONNE VENDOME OU DE LA GRANDE-ARMÉE.	Construite par.	GONDOUIN et LEPÈRE . . . . . .
COLONNE DE LA BASTILLE OU DE JUILLET.	Construite par.	ALAVOINE et DUC. . . . .
COLONNES DE LA PLACE DE LA NATION.	Projetées et fondées par.	LEDOUX (Charles-Nicolas). . . .
	Construites par.	JAŸ (Adolphe-François-Marie) . .
BEFFROI DE LA PLACE DU LOUVRE.	Construit par	BALLU (Théodore) . . . .
MONUMENT DE GAMBETTA . . *Place du Carrousel.*	Construit par.	BOILEAU (Louis-Charles) . . . . .
MONUMENT DU MARÉCHAL MONCEY. . . . . *Place Clichy.*	Construit par.	GUILLAUME (Edmond-J.-B.). . . .
MONUMENT DE LA RÉPUBLIQUE |*Place de la République.*	Construit par.	MORICE (Gabriel-Marie-Louis). . .

COLONNES, ETC.

DATES	NOTES	OBSERVATIONS
. . . . en 1810	*Statue de Napoléon par le sculpteur* Dumont (Augustin-Alexandre), *érigée le 4 novembre 1863 en remplacement de celle sculptée par* Seurre.	
. . . . de 1831 à 1840	*Statue de la Liberté par le sculpteur* Dumont (Augustin-Alexandre.)	
. . . . en 1788		
. . . de 1842 à 1846	*Statue de Philippe-Auguste, par* Dumont ; *de saint Louis, par* Etex.	
. . . . de 1858 à 1863		
. . . . de 1884 à 1888	*Sculpture des statues et hauts-reliefs par* Audé (Jean-Paul.)	
. . . . de 1863 à 1870	*Groupe sculpté par* Doublemard.	
. . . . de 1881 à 1884	*Statue de la République, statues allégoriques et bas-reliefs par le sculpteur* Morice (Léopold).	

MONUMENTS DÉCORATIFS

MONUMENTS	HISTORIQUE	ARCHITECTES
FONTAINE DE L'ARBRE-SEC . . . *Rue de l'Arbre-Sec.*	Construite par	SOUFFLOT (Jacques-Germain). . .
1re FONTAINE DU CHATEAU-D'EAU.	Construite par	GIRARD, ingénieur-constructeur. .
2e FONTAINE DU CHATEAU-D'EAU.	Construite par	DAVIOUD (Gabriel). . . . . . .
FONTAINE CUVIER . . . . . . *Rue Cuvier et rue Linné.*	Construite par	VIGOUREUX (Alphonse). . . . . .
FONTAINE DESAIX.	Construite par	PERCIER (Charles). . . . .
FONTAINE DE L'ÉGYPTIEN. . . *Rue de Sèvres.*	Construite par	BRALLE. . . . .
FONTAINE GAILLON. . . . . . *Carrefour Gaillon.*	Construite par	VISCONTI (Louis-Tullius-Joachim).
FONTAINE DE LA RUE DE GRENELLE. . . . . *Rue de Grenelle.*	Construite par	BOUCHARDON (Edme) . . . . . .
FONTAINE DES HAUDRIETTES. *Rue des Haudriettes.*	Construite par	MOREAU (Pierre-Louis). . . . .
FONTAINE DES INNOCENTS. . *Square des Innocents.*	Construite par	LESCOT (Pierre). . . . .
	Décorée par JEAN GOUJON	. . . .
	Reconstruite par	LEGRAND et MOLINOS, d'après le projet de POYET. . . . . . .
	Décoration complétée par PAJOU .	. . . .
	Déplacée de nouveau et reconstruite par.	DAVIOUD (Gabriel). . . . . .
FONTAINE DU SQUARE LOUVOIS *Square Louvois.*	Construite par	VISCONTI (Louis-Tullius-Joachim).

FONTAINES

DATES	NOTES	OBSERVATIONS
. . . . . . en 1776	*Nymphe sculptée par* Boizot.	
. . . . . . en 1815	*Actuellement au marché de la Villette.*	
. . de 1869 à 1874	*Actuellement place Daumesnil.*	
. . . . . . en 1840	*Groupe de l'Histoire naturelle sculptée par* Feuchères (J.-J.).	
. . . . . . en 1801	*Autrefois place Dauphine, doit être réédifiée sur une autre place.*	
. . . . . . en 1806	*Statue précédente par* Beauval-let. *Statue actuelle copiée par* Gechter.	
. . . . . . en 1823	*Petit Triton sculpté par* Jacquot.	
. . . . . . en 1739	*Sculptures par* Bouchardon(Edme)	
. . . . . . en 1760	*Naïade, bas-relief sculpté par* Mignot.	
. . . . . . en 1550	*A l'angle de la rue* Saint-Denis *et de la rue* aux Fers.	
. . . . . . en 1550		
. . . . . . en 1788	*Au centre du marché aux herbes sur un plan quadrangulaire.*	
. . . . . . en 1788		
. . . . . . en 1860	*Au centre du nouveau square des Innocents.*	
. . . . . . en 1844	*Sculptures par* Klagmann.	

MONUMENTS	HISTORIQUE	ARCHITECTES
FONTAINE DE MÉDICIS . . . . *Jardin du Luxembourg.*	Construite par	De Brosse (Salomon). . . .
	Déplacée et restaurée.	. . . .
FONTAINE MOLIÈRE. . . . . . *Rue de Richelieu.*	Construite par	Visconti (Louis-Tullius-Joachi
FONTAINE NOTRE-DAME . . . *Square Notre-Dame.*	Construite par	Vigoureux (Alphonse). . . .
FONTAINE DE L'OBSERVATOIRE *Avenue de l'Observatoire.*	Construite par	Davioud (Gabriel). . . . . .
FONTAINE DU PALMIER OU DU CHATELET . . . . *Place du Châtelet.*	Construite par	Bralle . . . .
	Déplacement et exhaussement par.	Davioud (Gabriel). . . . .
FONTAINE DE LA POISSON-NERIE . . . . *Impasse de la Poissonnerie.*	Construite par	Caron . . . .
FONTAINE DU REGARD. . . .	Construite par	Bralle. . . . .
FONTAINE SAINT-MICHEL. . . *Place Saint-Michel.*	Construite par	Davioud (Gabriel). . . . .
FONTAINE SAINT-SULPICE. . . *Place Saint-Sulpice.*	Construite par	Visconti (Louis-Tullius-Joachir

DATES	NOTES	OBSERVATIONS
. . . . . vers 1615	. . . .	
. . . . . . en 1861	La grande niche fut décorée, dans la suite, du groupe de Polyphème, Acis et Galathée, du sculpteur OTTIN, et les deux petites niches reçurent deux statues en pierre du même artiste.	
. . . . de 1841 à 1844	Statue assise de Molière, sculptée par SEURRE; figures allégoriques par PRADIER.	
. . . . en 1843	Sculptures par MERLIEUX.	
. . . . en 1875	Sculptures par CARPEAUX.	
. . . . en 1806	Statue de la Victoire et figures allégoriques sculptées par BOIZOT	
. . . . en 1858	Les Sphinx en pierre du piédestal ajouté, sculptés par JACQUEMART.	
. . . . en 1783	Près de la rue de Jarente.	
. . . . . . vers 1806	Aujourd'hui démolie, le bas-relief sculpté par VALOIS, occupe la façade postérieure de la fontaine de Médicis.	
. . . . de 1858 à 1860	Groupe du saint Michel sculpté par DURET.	
. . . . en 1847	Statues de Fénélon, par LANNO; de Bossuet, par FEUCHÈRES; de Fléchier, par DESPREZ; de Massillon, par FAUGINET; Lions et Vases, par DERRE.	

624.

Petition of the Colony April 2 in June 1793. Repl.

Counter nature 3.

Report 3008.

TABLE DES MATIÈRES

Nota. — *Tous les monuments dont les noms ne sont pas spécialement désignés dans cette table se trouvent classés, par ordre alphabétique, dans leur division respective.*

ÉDIFICES CIVILS

ÉDIFICES MILITAIRES

ÉDIFICES RELIGIEUX

MONUMENTS DÉCORATIFS

IMPRIMERIE CHAIX. — RUE BERGÈRE, 20, PARIS. — 15109-7-8.

PARIS. — IMPRIMERIE CHAIX. — RUE BERGÈRE, 20. — 151114-12-8.

www.ingramcontent.com/pod-product-compliance
Lightning Source LLC
Chambersburg PA
CBHW060603100426
42744CB00008B/1290